とうふに線を引く

製図の指導

野原清志

一莖書房

刊行によせて

稲垣 忠彦
（東京大学名誉教授）

　本書は、野原清志さんの1962年から1989年にわたる、教育実践者としての歩みの記録である。技術・家庭科の実践を軸に、環境美化を通しての生徒指導・情操教育、教頭としての学校運営の改善など、多面的な実践が集成されている。

　私と野原さんとの出会いは、1972年の夏だった。斎藤喜博先生、柴田義松さんと世話人をつとめていた教育科学研究会教授学部会（後に教授学研究の会）の夏の会に参加された。沖縄の本土復帰の年であり、那覇から東京晴海まで二泊三日の船旅での参加だった。夏の会とは別に開かれていた春、冬の研究会にも参加されていた。

　1974年から毎年のように実践報告に名乗りを上げられ、製図の「とうふに線をひく」(1974年)、日本の文化遺産としての「鋸の歴史の授業」(1976年)、建築教材としての「守礼門の制作」(1978年) など多様な報告が続いた。

　それぞれに、目的が明確であり、生徒の教材との出会いと、生徒の主体的な追求を大切にされ、行き届いた個別指導などが特長だった。守礼門は、郷土の建築文化の教材化であり、沖縄の歴史の学習を含め、四分の一の縮尺の門の制作に参加者は驚嘆したものだった。

　野原さんは早くから創造的な学力の育成を目指されていたのだが、それを支えたのは野原さん自身の創意に満ちた教材研究であり、そのために実務家、歴史研究者、建築家など専門家を訪ねて学ばれ、実践に活かされていた。研究会で出会ってきた数多くの実践者のなかで、私が学ぶことの多かった教師の一人だった。

　1985年4月から、一年半にわたって、『総合教育技術』（小学館）誌上に「授業とその周辺・実践者との出会い」を連載した。私が学んできた内外の実践者との出会いを記し、その実践を紹介したのだが前島正俊さん、牛島栄世さん、

西岡陽子さんと共に、野原さんとその実践を紹介した。

　野原さんの実践と研究の歩みは、その後も持続している。1984年から二年間、兵庫教育大学大学院に学び、「手工科教授実践の史的考察――木材加工教材に注目して――」をテーマとして研究を進め、修士論文を提出されている。実践においては、技術主任、道徳主任、環境整美主任等を歴任され、1992年からは、教頭として学校の運営に当たり、1998年には読売教育賞の学校管理・運営部門で、優秀賞を受けられている。さらに定年以後も、教育界への貢献とともに、一市民として社会的活動を維持されている。

　本書の刊行にあたって、野原さんは、斎藤先生が生前に、「定年になったら、ぜひ実践の記録をまとめて出版しなさい」といわれた言葉が機縁となったと話されていた。これも野原さんらしいエピソードである。

　本書が、野原さんの誠実で、創造的な実践の歩みとして、今日の実践者に受け継がれていくことを願っている。

目　次

刊行によせて ………………………………… 稲垣忠彦　1
はじめに ………………………………………………………… 3

第1章　学校の教師になる

　第1節　技術・家庭科（男子向き）教師として
　　　　　採用される ………………………………………… 9
　第2節　内地派遣研究教員に応募する ………………… 9
　第3節　環境美化で児童生徒の情操を培う …………… 10

第2章　技術・家庭科教師37年の歩み

　第1節　真和志中学校 …………………………………… 13
　第2節　首里中学校 ……………………………………… 13
　第3節　城北中学校 ……………………………………… 14
　第4節　那覇中学校 ……………………………………… 14
　第5節　寄宮中学校 ……………………………………… 15
　第6節　南風原中学校 …………………………………… 15
　第7節　長嶺小学校 ……………………………………… 16
　第8節　沢岻小学校 ……………………………………… 16
　第9節　識名小学校 ……………………………………… 17
　第10節　定年退職後　市民として ……………………… 18

第3章　研究実践

　第1節　創造的思考力をのばす ………………………… 21
　第2節　とうふに線を引く
　　　　　──製図の指導 ………………………………… 60
　第3節　鋸の歴史の授業 ………………………………… 70

第4節　鋸引きの授業
　　　　──イメージの指導を取り入れて── 89
第5節　守礼門の制作 101
第6節　菊の歴史 132
第7節　宝をつくる　考案設計
　　　　──板材の加工── 141
第8節　「沖縄の土壌」の授業 149
第9節　郷土の技術文化から学ぶ技術科授業 176
　　　　──アジマックヮの製作──
第10節　手工科教授実践の史的考察
　　　　──木材加工教材に注目して 190

〈付録〉研究実践・研究の歩み 204
あとがき 206

第1章
学校の教師になる

第1節　技術・家庭科（男子向き）教師として採用される

　高校の3年担任は農業開発移民指導者養成と職業科の教員養成の二つの目的で開設された琉球大学農家政工学部総合農学科に進学を勧めて下さった。家業が農家だったことや職業適性検査の結果で判断されたのであった。家庭の事情で大学進学させるだけの余裕がなく進学を反対されていたが、親に懇願して進学を許可してもらった。1956年高校3年の冬親子ラジオで琉球大学の合格発表が放送された夜のことであった。学業は奨学資金とアルバイトでなんとか続けることができた。学生時代は学業よりアルバイトに熱中し、なんとか1962年（昭和37年）大学を卒業した。同年4月那覇教育立真和志中学校に採用された。卒業の年に職業・家庭科に変わって技術・家庭科が誕生し、教育課程の完全実施の年であった。大学では新設の技術科教育概論の講座で教科内容については大まかな理解はしていたが、採用内定者には技術教育の短期間の講習会の受講が義務づけられていた。

　受講した者は職業科一級普通免許状を技術二級普通免許状に切り替えて初めて技術・家庭（男子向き）の教師として教壇に立つことが許された。学校の休業中には技術教師としての力量を高めるための技術内容の理解を深める講習会や実技研修会が教育委員会や研究会主催で頻繁に開講されていた。技術家庭科の木工の授業では自動鉋盤、丸鋸盤、手押し鉋盤、金工の授業ではボール盤、金工旋盤などを使うので危険を伴うことが多く怪我人を出さないよう安全指導の徹底が求められていた。私は普段から教具づくり、学校の営繕等で木工機械の安全な取り扱いに精通することに努め、生徒に怪我させないよう最善を尽くした。

第2節　内地派遣研究教員に応募する

　沖縄の教育現場は内地派遣研究教員制度があったので新しい教育・新しい指導法は研究教員によってもたらされていた。技術教育についても例外ではなかった。勤務校においても研究教員帰りの先輩教師がおられたので憧れをもっていた。

私は技術の学習指導については教職経験が浅いこともあって、教科書と指導書を頼りに指導していくのが精一杯で、確固たる指導法を身につけていたわけでもなく、学習指導内容を十分理解させることはできなかった。
　研究教員として本土で研修を積めば素晴らしい指導法が身につくのではと思っていた。技術・家庭科の研修会の席上文教局の指導主事が内地派遣研究教員の応募が少ないので若い人でも積極的に応募するようにと激励していた。
　私は教職経験が十年もなっていなかったが応募したら文教局より研究教員として研修のお許しをいただいた。昭和43年10月より44年3月まで半年であった。首里中学校に配置換えになった年であった。

第3節　環境美化で児童生徒の情操を培う

　技術・家庭科（男子向き）の校務分掌は適材適所を考慮して教科内容に関連したものであった。技術教室の整備はもとより、学校緑化、花壇、学校営繕、清掃指導、清掃用具、作業用具係等のまとめ役として環境整美主任が割り当てられることが多かった。初任の頃は先輩教師からアドバイス受けていたが6年目から工夫して一人前に校務をこなすことが求められている。学校美化は自分が磨かれるとともに、工夫して取り組めばいくらでも学校がよくなるという醍醐味がある。児童生徒の情操を培う最も教育の本質に関わる校務分掌でやりがいがあった。

第 2 章
技術・家庭科教師 37 年の歩み

第1節　技術・家庭科（男子向き）教師として採用される
　　　　真和志中学校（昭和37年4月～43年3月）

① 昭和37年5月、緑化係として道路沿いの樹木を剪定し花壇として機能させ潤いのある学校にする。
② 昭和38年7月、営繕係として先輩教師の指導の基に、生徒の学習机の整備に当たる。校務分掌の進め方は先輩教師から学びながら進める。
③ 技術主任として技術教室の整備・工具室の整備に当たり授業の充実に努める。
④ 昭和42年、「技術・家庭科（男）学習指導計画」を那覇連合教育委員会の委嘱の教科研究委員で作成する。那覇連合区内の各中学校に配布して、学校の指導計画作成の参考に供する。

第2節　教師として一人立ちする
　　　　首里中学校（昭和43年4月～49年3月）

① 環境整美主任・生徒会整美部顧問として生徒とともに校内緑化の推進に当たる。校舎の修繕は生徒会で講習会をもって進める。
② 草花講習会をもち花壇の一角に苗床をこしらえ苗作りをした。学校が緑と花のある学園にする。
③ 昭和43年10月より昭和44年3月まで半年群馬県渋川市立渋川中学校で学習指導法の研鑽を積む。沖縄は外国扱いでパスポートがなければ渡航できない時代であった。
④ 琉球政府立琉球農業試験場で草花・野菜園芸について理解を深める。「中学生のための沖縄の草花栽培」のテキストを作る。
⑤ 「花と緑のコンクール」沖縄タイムス社より優良花壇の栄誉を賜る。生徒の取り組みが認められた結果である。
⑥ 昭和45年、教科研究委員として「技術・家庭科（男）学習指導計画」を作成し各学校の参考に供する。
⑦ 昭和44年・45年、教育作品展に入賞等して現場の授業の改善充実に供

する。
⑧　昭和46年技術教育の振興に尽くしたとして第8回沖縄タイムス教育賞の受賞の栄誉を賜る。

第3節　新設校づくりに全力を尽くす
城北中学校（昭和49年4月〜昭和54年3月）

① 昭和50年3月、第7回全日本製図コンクールで学校賞を受賞する。昭和49年度プレハブの技術教室で取り組んだ製図の学習が実を結んだ。
② 昭和51年4月より52年3月まで那覇市立教育研究所の研究協力校の指定を受ける。「授業における工具用具の保管と活用」のテーマで研究実践する。
③ 昭和52年2学期より木材加工2の授業で「守礼門の製作」の授業を実践する。昭和52年度の卒業式式場に展示して学校長職員よりお褒めの言葉をいただく。
④ 春・秋の一人一鉢運動を実施して花のある学園にする。黒板の位置が高く教壇を生徒とともに作る。あらゆる備品を生徒とともに作る。

第4節　授業の改善充実に当たる
那覇中学校（昭和54年4月〜昭和61年3月）

① 3学年の「菊づくりを通しての栽培の授業」、第1学年の「宝をつくる」「アジマックヮの製作」等の実践は那覇中学校においてまとめたものである。識名の自宅から松山の那覇中学校までの40分の自家用車通勤は教材研究の時間であった。6クラス同じ授業案で実践していたが毎回改善していい授業にすることができた。毎回録音テープに録音して授業改善充実に努める。
② 新校舎を有効に活用できるように全職員で「環境美化を通しての生徒指導」をテーマに研究指定を受け、特活部会、道徳部会等に分かれて研究実践し公開研究会を開催する。新校舎を公開する。
③ 「花と緑のコンクール」で沖縄タイムス社より優良花壇に選ばれる。那

覇教育事務所からの推薦による。
④　昭和 59 年 4 月～ 61 年 3 月　兵庫教育大学大学院にて学習指導法の研鑽を積む。

第 5 節　技術教室の整備充実に努める
寄宮中学校（昭和 61 年 4 月～平成 2 年 3 月）

① 校舎改築に伴いプレハブ仮技術教室の設計整備に努め、技術教育がスムーズにできるようにする。
② 技術教室改築に伴い基本設計の構想を立て那覇地区技術研究会員に提示して研究会で検討してもらう。実施設計に要望を取り入れてもらうように学校長を通してお願いする。
③ 工具棚の製作は生徒とともに製作する。技術教育の充実に努める。
④ 昭和 62 年文部省指定生徒指導総合推進校の研究指定校の研究主任に命じられ研究実践をまとめて公開発表する。
⑤ 道徳主任として道徳の年間指導計画を全職員でまとめる。初任者に道徳の時間の模範授業を実施する。

第 6 節　道徳の時間の充実を図る
南風原町立南風原中学校（平成 2 年 4 月～平成 4 年 3 月）

① 環境整美主任として環境整備計画を作成し環境整備の充実推進を図る。
② 技術主任として工具棚方式の工具管理から、工具箱方式に改めて工具管理の有効活用を図る。
③ 島尻地区教育課程道徳研究委員として公開研究授業を実施する。
④ 平成 2 年南部広域市町村教育委員会主催の「美化コンクール」で優秀校に選ばれる。
⑤ 菊の一鉢運動で花と緑豊かな学校にし心のこもった厳粛な卒業式・入学を実施する。

第7節　学校運営の改善充実に努める
豊見城村立長嶺小学校　教頭（平成4年4月～平成7年3月）

① 毎年学校評価を実施してよい点は伸ばし、改善すべき点は改善する。施設設備に関わる改善は教育委員会に要望し、学校で児童とともにでる修繕は児童とともにやり児童の物に対する認識を深める。
② 教頭通信「つくろい」を不定期に発行して改善の実態を積極的に認識させることに努める。物の大切にする児童の育成に努める。目に見えて学校の破損が少なくなる。
③ 水道水の節約する為に水洗トイレの水タンクに1・5ℓのペットボトルを入れて必要以上の無駄な水をなくすように努める。限りある資源を大事にする。
④ 全学年サツマイモ、ジャガイモの栽培指導をした。生活科の土作りを小学校2年生を対象に体育館で一斉に授業を実施する。3年生以上は勤労生産教育の推進に当たる。
⑤ 校庭の鳩の繁殖で随分健康被害が懸念されたので、鳩を捕獲して糞害から児童・職員の健康を守る。
⑥ 校庭の北側の森にPTAの支援を得て遊歩道を作る。理科・生活科の学習に活用し豊かな情操を培う。

第8節　児童の情操教育の充実に努める
浦添市立沢岻小学校　教頭（平成7年4月～9年3月）

① 手伝いの6年生が一鉢運動の土作り、学校の鉢・プランターの土も6年生が作ってくれた。仕事を始める前に栽培の目的と仕事要領を考えさせ学習の一環としてやった。
② 1・2年生の生活科、勤労生産学習のジャガイモ、サトウキビ植え付けから収穫祭カレーパーティー、黒砂糖作り等PTAの支援を得て生産の喜びを味わせる。
③ 普段の教育活動が円滑に行えるように農具・用具室を児童の目線に立っ

て整備する。学校で整備の方針と農具・用具かけを設計し教育委員会へ要望して作ってもらう。農具・用具室が整理整頓がしやすくなる
④　平成7・8年度沖縄県公立小中学校教頭会福会長・会長と教頭会活動の運営に当たる。仕事が滞らないように朝は早く出勤して、有効に時間を使う。教頭会活動研究の手引きを作り各地区教頭会活動が円滑にできるようする。
⑤　2年間の勤務であったが、花づくりに勢を出し卒業式・入学式は思い出のある儀式にする。
⑥　沖縄県緑化推進委員会主催による「緑化コンクール」に入選の栄えを賜る。新設校づくりからの取り組みが認められてPTA、保護者には大きな喜びとなる。

第9節　環境教育の充実に努める
那覇市立識名小学校教頭（平成9年4月～平成11年3月）

①　校舎改築に伴い、みどりの丘の遊歩道づくりに教育委員会に学校の要望を取り入れてもらい立派な遊歩道を作ってもらう。市の教育長を招き遊歩道開きをする。
②　校庭の樹木・花木札をつけ植物マップを作り環境教育の充実に役立てる。
③　校庭の雑草・剪定樹木の堆肥化を進める。堆肥箱をベニア板で作り堆肥化はJA国場に勤めていた保護者から手ほどきを受ける。これまで市の業者に処分してもらったが有効に活用し堆肥代を節約し耕運機を購入する。
④　宮城校長の願いで旧校舎側に熱帯果樹園を作る。近くで水道工事をしている業者が快くユンボで深耕してくれて有り難いことであった。今時、学校教育に協力的な業者がいることに感銘を受ける。
⑤　那覇市教育委員会主催の「花のコンクール」で優秀賞の栄えを賜る。2年間受賞する沢岻小学校での取り組みを参考にして清掃時間を栽培活動指導の一環として取り組んだ結果である。
⑥　理科、生活科、勤労生産学習で各学年の栽培活動の支援に当たる。ジャガイモ、サツマイモ、ワケギ、ヘチマ、ナス、トマト等。
⑦　農具室を小動物小屋隣に職員とともに作る。ヘチマ棚、職員室横に育苗

小屋を作る。
⑧　平成10年度学校運営の実践で「読売教育賞」優秀賞の栄えを賜る。
⑨　平成11年3月31日定年退職する。

第10節　定年退職後　市民として

①　平成11年5月、応用教育研究所より研修主事の委嘱を受け、教育研究所、学校等で標準検査の事前・事後研修会を実施。学力向上対策に有効活用を図る。
②　平成11年4月九州地区公立小中学校教頭会研究大会沖縄大会事務局会計として委嘱を受ける。
③　平成17年12月より民生委員・児童委員として厚生大臣より委嘱受ける。
④　平成11年4月より識名小学校・幼稚園で緑のボランティアとして学校教育の支援に当たる。
⑤　平成20年より那覇市食生活改善推進委員として市民の食生活改善に当たる。
⑥　昭和42年以降識名教育隣組結成に加わり地域の子どもの健やかな育成に当たる。

第 3 章
研 究 実 践

第1節　技術・家庭科における学習内容を定着させ
　　　　　創造的思考力を伸ばす学習指導法に関する実証的研究

　文部省派遣の研究教員として昭和43年10月より44年3月までの6か月間群馬県渋川市立渋川中学校で研修の機会に恵まれた。
　文部省派遣の大方の研究教員は配属校で研修テーマをもって研修に当たっていた。私もテーマをもって研修に当たれば、実りある研修ができるのではと思い研修に臨んだ。
　研修報告書に基づき、当時のことを思い浮かべながら反省を含め考察したいと思う。
　昭和43年8月那覇市立教育研究所で自主研修をしたが、実践に容易に結びつかずもっともっとよい学習指導法がないか思案にくれていた。創造的思考力を伸ばす学習指導法は、最適な指導法と考えられていたのでこれをテーマにすることにした。
　文部省にご挨拶に行った機会に「技術科の授業構造」という文献の紹介をいただいた。文献は研究団体の組織的な実践研究の労作であったように記憶している。私はこの文献を参考にしながら研究実践を進めることにした。
　創造的思考力を伸ばす学習指導法が優れていることを実証し確信を得たかった。教育センターや教育研究所が組織的に行う研究を、教師歴の少ない一教師が実証的研究するのは少し荷が重すぎるように思った。
　研究態勢も学校の技術・家庭科教員だけでなく群馬県立教育センター、渋川市立教育研究所職員も加わっての取り組みとなった。
　夏休みの自主研修したものを技術主任にお見せしたら立派な研究しているのだからこれでいいのではと申していた。私は学習指導法の実証的研究をしたいのだとお願いしたのである。
　創造的思考力を伸ばすには、調べる——比べる——確かめる、を学習過程に位置づけることが大事だとされていた。これまでの技術教育といえばひとつのことを指導するには教師がやり方を説明して生徒に理解させる、技術を習得させるというものであった。技術の習得は科学的根拠の理解が重要不可

欠であった。学習指導においては生徒に創造的思考力を育てることが求められていた。

　6か月間で皆さんのご協力のもと万全の態勢で研究実践が進められた。

　教材は渋川中学校の技術・家庭科の年間指導計画に従った。木材加工領域で1年、木材加工1「のこぎり」（両刃のこぎり構造と切削のしくみ）（のこぎりの切断の方法）（切断）

　「かんな」（かんなの切削のしくみ）（かんなの調整）（板材のけずり方）

　2年、木材加工2「よいこしかけの条件」「木材の強さと利用」「加工法」

　これからの題材を、

　A式の指導法（創造的思考の場を位置づけた指導法）

　B式の指導法（教師中心の思考の場を位置づけない注入主義の指導法）

とし、1学年は交代群法で実験的研究法で実証した。教育統計に優れた先輩教師に指導の手ほどきを受けながら実証した。その結果A式の指導が優れていることが分かった。

　2学年は統制群法を取り入れて実証した。知能、学力、学習態度、学習技術等を考慮にいれ等質と認めらる個人対個人の対を作って実験した。学習態度、学習技術は教研式の学習適応診断結果を参考にした。上位群、中位群、下位群の参加度は研究協力員が観察記録をとって下さった。

　授業前の事前テスト、授業後の事後テストを実施して両学級に成績に差があるか抽出生徒に差があるか、等を検討した結果、創造的思考の場を位置づけた学習指導法が優れていることが分かった。A式、B式指導のいずれの場合にも教師として事前に教材研究を十分やって教具を整えなければならない。統制群法において抽出生徒の人数も検討する必要があった。A、B式の指導で理解不十分なところは授業を進めながら、個に応じた指導で理解を深めた。

　6か月を振り返って次のことを成果としてあげることができる。

① 【教育研究入門】「群馬県教育研究所連盟編」（東洋館出版社）の文献を手元におき何回も繰り返し学び教育研究の進め方が分かった。

② 学習過程に創造的思考の場を位置づけた指導法が優れていることを確信することができた。

③ A式、B式の指導においても事前に教材研究を十分深め熱意をもって指

導に当たることの重要性を学んだ。
④ 群馬県内外の研究会に参加し技術教育のみならず、他県の研究団体の取り組み状態など見聞を広めることができた。
⑤ 豊かな自然、季節の変化に接することができた。秋の紅葉、冬の雪、春の桃桜も体験することができた。一生の思い出を作ることができた。
⑥ 遠足で日光に連れて行ってもらったこと、スキー教室で初めてスキーをしたことなど、いい思い出ができたこと。
⑦ 渋川市の教職員に復帰前の沖縄事情を話す機会があり、沖縄を理解していただいた。沖縄では英語が共通語であるという誤解を払拭することに努めたこと。

I 研究の主旨

1 指導内容の立場から

現行の指導要領では、指導目標や内容は示されているが、その示し方は、羅列的であり、何を、どこで、どの程度教えたらよいか、指導内容の範囲や程度があいまいであったように思われる。

そのために、生徒の実態に即応しない、むりやりむだのある効率の悪い授業が行われ、学習内容の定着が低く、転移性のある学力として身につけさせるためには困難であったように思われる。

そこで、学習内容の定着をはかり、学習活動を機能的に行うためには、生徒の実態に即応した指導内容を精選し、範囲や程度を明らかにし、系統的に指導しなければならないと考える。

この研究においては、範囲や程度を決める手だてとして、授業実践を通し、授業内容の構造化の過程で決めようとするものである。

2 指導方法の立場から

技術家庭科において、生徒に学習内容を定着させるために、創造的思考の場を学習過程に位置づける試みが全国的に実践研究され、かなりの成果をお

さめてきたように思われる。

またその反面、教師中心の、いわゆる系統的学習指導という名のもとに思考の場を位置づけない注入主義の指導が依然として現場において行われ、学習内容の定着化がはかられている実情にある。

この研究において、学習内容を定着させ、創造的思考力を伸ばすには、どの指導法が優れているか、実験的研究法によって明らかにしようとするものである。

Ⅱ 研究の立場と内容

1 研究の立場

(1) 技術家庭科の指導目標の立場

「技術の習得を通して、生活を豊かにするために、くふう・創造の能力や実践的な態度を養う」ことが技術・家庭科のねらいである。ことばをかえていうならば、めざましく進展する技術社会に生きる主体的な人間を育成することにあるといえよう。

近代技術社会に対処しうる主体的な人間とは、教科で習得した知識や技能を生活の中に応用実践できる人間ということができると思う。

また人間の能力的側面から考えた場合、知識や技能を素材として、創造性を伸ばすことのできる人間であるといえよう。

知識や技能を生活の中に応用実践するには、生徒に生きた学力として、つまり転移性のある学力として身についていなければならないと考える。これまで技術・家庭科で習得した知識や技能がばらばらに習得されたり、技術が生活の中に生かされない傾向にあったと思う。これは、とりもなおさず習得した知識や技能が転移性のある学力として身についていなかったからであろう。

そこで、主体的な人間を育成する教科のたてまえから、転移性のある学力として身につけさせるためには、学習内容が定着されなければならないと考える。学習内容を定着させる学習指導形態には、いろいろあると思うが、学習過程の中に、創造的思考の場を位置づけた指導形態がのぞましいものとさ

れている。
　創造的思考の場を位置づけた指導によって、学習内容は生きた学力として身につけられ、創造的思考力の訓練がなされ、教科のねらいとしている主体的な人間の育成につながるものと考える。

(2) 創造思考の場の位置づけ

　基礎的技術を習得させ、その科学的な根拠を理解させるためには、生徒の実践活動を通して、五感に訴えたほうがのぞましいものと考える。生徒の学習活動には、たえず生徒の思考が教師の発問によってなされるが、生徒の実践活動を通して、事実や事象を通して習得された知識や技能こそ創造的思考力を伸ばすことができるものと考える。

　そこで、実践活動の中に「調べる、比べる、確かめる」と位置づけ、創造的思考の場と考え、教師の発問によってなされる事物によらない思考活動を区別したい。

　生徒の実態、学習過程、学力の関係を次のように表すことができる。

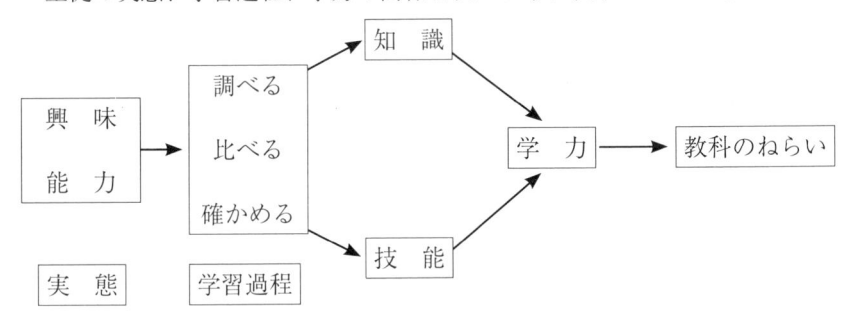

```
                   ┌─ 知 識 ─┐
┌─────┐   ┌─────┐│          ↓
│ 興 味 │──▶│ 調べる  ├┤        ┌─────┐    ┌─────────┐
│ 能 力 │   │ 比べる  │         │ 学 力 │──▶│ 教科のねらい │
└─────┘   │ 確かめる│├─ 技 能 ─┘        └─────────┘
          └─────┘│          ↑
┌─────┐   ┌─────┐
│ 実 態 │   │ 学習過程│
└─────┘   └─────┘
```

2　研究の内容

(1) 指導内容精選の手順

　仮説実験授業によって、授業内容の構造化をはかる過程において、生徒の発達段階や経験、興味等を考慮して範囲や程度を決めることができる。仮説実験授業の手順は次の通りである。

1868.10.5　鋳木調査官提案

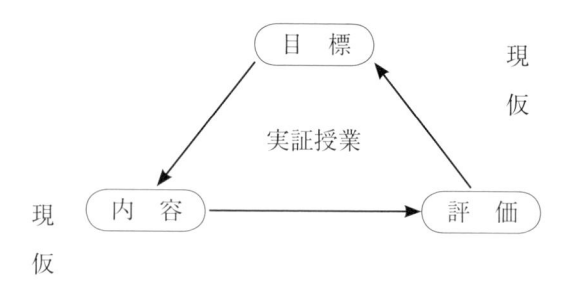

```
          目　標
         ↗     ↖
      現          現
      仮  実証授業 仮
         ↙     ↘
     内　容 ──→ 評　価
```

　仮説の目標や内容を決め、目標到達度の検証のために評価をする。同時に構造化する過程で、目標や内容の修正が行われ、評価の問題が作られることになる。
　この研究では、授業内容の構造化の過程で決めようとするものである。
　授業内容の構造化によって、指導内容の流れが分かり、学習過程における指導目標がうきぼりにされてくるので、学習内容が具体的になり、その範囲や程度を決めることができる。
(2) 創造的思考力を伸ばす学習指導法
　技術・家庭科の学習指導には、教師中心の注入主義の指導法もあるが、創造的思考の場を位置づけた指導法が生徒に学力として定着させるためには効果的であると考える。これまでの指導では、教師の発問によってなされる思考が重視される傾向にあったと思われる。そこで思考の重点的な場が示されず、組織化されないために、むりやむだがあったように思われる。
　この教科の特性から考えた場合、実践活動を通してなされた学習活動こそ、学習内容の定着化がはかれるし、創造的思考力が伸ばせるものと思う。
　この研究では、教師中心の思考の場を位置づけない教師中心の注入主義の指導と創造的思考の場を位置づけた指導を、実験的研究法の交替群法と統制群法によって実証しようとするものである。

Ⅲ　研究仮説

　以上のことに基づいて次のような研究仮説を設定した。

1 指導過程に思考の場を位置づけたならば、学習内容は定着し、創造的思考力を伸ばすことができる。
2 評価含みの授業をすれば、生徒は授業に真剣に取り組み、学習内容は定着する。
3 授業内容の構造化をはかれば、指導内容が分かり、その範囲と程度が決められ、生徒の実態に即応した学習活動が展開できる。

Ⅳ 研究方法

1 研究の体制

(1) 本校の技術・家庭科研究部を中心に、県指導課指導主事を指導顧問におき、渋川市立教育研究所、各教科研究部の協力をあおぎ研究をすすめていく。
(2) 中学校研究ブロック技術・家庭科研究発表大会参加及び県内研究発表会に参加して研究をすすめていく。
(3) 渋川市立教育研究所学習指導研修員会に参加して研究をすすめていく。

3 研究の具体的方法

(1) 指導内容の精選……範囲と程度

渋川中学校の木材加工分野の指導目標と内容を研究の第1次仮説として設定して、指導案を作り、1時間ごとの評価問題を作り、授業実践し、正答率の通過率を調べ、構造化の過程で範囲と程度を決めた。実証授業の手順は次の通りである。

1 指導目標の列挙
2 指導内容の列挙
3 実証授業
 ・指導案の作成
 ・評価問題の作成
 ・授業記録の作成
4 授業内容の構造化

5　範囲と程度の検討
6　指導目標の再検討（指導目標の修正）
7　範囲と程度の決定

実証授業における指導案の形式は次の通りにした。

1　小　題　目　　　　　2　ね　ら　い	
指導及び学習活動	教具・資料

　授業記録のとり方は、テープレコーダーと研究協力員によって次の形式でまとめた。

（渋川教育研究所案）

時間	教師の活動	生徒の活動 （要求・一般）	反応			板　書	教具・資料
			上	中	下		

　授業記録のとり方では、次の点に留意した。

1　時間は5分区切りにした。
2　教師の活動、生徒の活動は発問と応答を記入した。
3　反応は、テープレコーダーでは分からないので、研究協力者が教師の活動に対する生徒の反応を見て、三段階に分けて記入した。
4　板書、教具・資料は教師の活動によるものを記入した。
　授業記録を基にして、次の形式で授業内容の構造化をはかった。
（香川県中学校技術・家庭科研究会案）

1　小　題　目　　　　　2　ね　ら　い				
指導内容	学　習　活　動			教具・資料
	実践	思考	知識	

　構造化に当たって次の点に留意した。

1　指導内容の記入欄は、1時間における指導内容を項目ごとに記入した。
2　学習活動を大きく実践、思考、知識の三つに分けた。

(1) 実　　践
　授業記録に従って、説明する、考える、考えさせる、発表する、話し合う等の実践活動等をこの欄に記入した。いずれも思考活動に属する学習活動と考えることができるが、構造化に当たっては、思考活動に属するものと区別した。また、学習活動によって習得した技能を、できる、身につく、習熟するの3段階に分けて記入した。

(2) 思　　考
　事物によって調べる、比べる、確かめる等の実践活動をこの欄に記入して他の実践活動と区別した。

(3) 知　　識
　実践、思考の学習活動によって習得した知識をこの欄に記入し、知識の到達度を気づく、知る、理解するの3段階に分けた。
　構造化の記号は、次のように使い分けた。

　　　　　　　本時の中心際活動（核と考える）
　　　　　　　本時の学習活動（節と考える）
　　　　　　　前時に行った学習活動
　　　　　　　学習活動の流れ

構造化した授業案を基に次の観点から範囲と程度を検討した。

1　核と節の関連は適切であったか。
2　核と節から指導目標を考えた場合、指導内容は適切であったか。
3　生徒の実態から考えた場合、指導目標や内容は適切であったか。
4　基礎的事項をふまえた場合、指導の時期は適切であったか。

　目標の再検討に当たっては、上記の検討を基にして、特に次の点に留意した。

1 正答率を考慮にいれて目標の到達度はどうだったか。
2 低学年木材加工分野との関連はどうなっているか。
3 目標の表現をどうしたらよいか。

範囲と程度を決めるに当たって、次の通りに表現した。

1 知　　識
　　　　～気づく、～知る、～理解する、等の程度を示した。
2 技　　能
　　　　～できる、～身につく、～習熟する等の程度を示した。

範囲と程度を次の形式でまとめた。

基礎的事項	学　年	学習過程	知　識	技　能

(2) 学習指導法

学習指導法の実践研究には、実験的研究法によって実証した。

実験的研究法には、第1学年では、交代群法、第2学年では、統制群法で行った。

　イ　交替群法　(Rotation method)

回　指導	A式の指導法	B式の指導法
第1回	1の5・6　　P	1の1・2　　P_1
第2回	1の1・2　　P_2	1の5・6　　P_3
結果	$P + P_2 > P_1 + P_3$	

　　　　註　A式の指導法
　　　　　　　　創造的思考の場を位置づけた指導法
　　　　　　B式の指導法
　　　　　　教師中心の思考の場を位置づけない注入主
　　　　　　義の指導法

第1回の実験では、A式の指導では1年5・6組を授業し、B式の指導では1年1・2組を授業し、指導後のテスト結果をそれぞれP、P_1とした。A式、B式の指導とも同じ指導目標、指導内容でそれぞれ3時間とった。

　第2回の実験では、A式の指導では1年1・2組を授業し、B式の指導では1年5・6組を授業し、指導後のテスト結果をそれぞれP_2　P_3とした。A式、B式の指導とし第1回実験と同じくそれぞれ3時間とった。

　A式の指導に条件を作用させ、$P + P_2 > P_1 + P_3$の結果を得たならば、A式の指導法が優れているものと考える。また、$P + P_2 < P_1 + P_3$の結果を得たならば、B式の指導法が優れたものと考える。

　ロ　統制群法（Control − grou P　methcd）

　実験群の指導に創造的思考の場を位置づけた条件Aを作用させ、比較群の指導には、Aに対応するA'を作用させ、それぞれの指導の結果をP、P_1と得たとき$P − P_1$は、A − A'の条件によるものである。

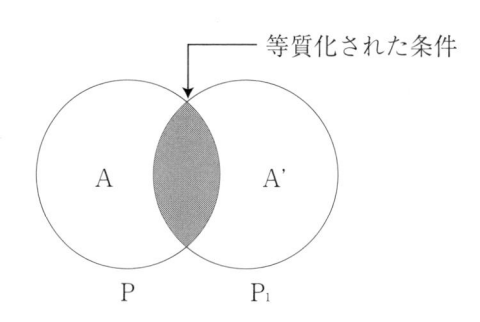

　　　　　　　　　　　　　等質化された条件

　　　　　　　　　A　　　A'

　　　　　　　　　P　　　P_1

　実験群と比較群の等質化に当たっては、知識、学力、学習態度、学習技術等を考慮にいれて等質と認められる個人対個人の対を作って実験した。

　実験群を第2学年6・7組、比較群を第2学年4・5の中からそれぞれ選び条件を統制した。

　条件A − A'を作用させて、$P − P_1$の結果が得られ、検定によって$P < P_1$の結果となった場合は、条件A'を作用させた指導が優れているものと考える。

4　実践経過

(1) 指導内容の精選

第2学年　授業記録者

　　　　1　　A先生……第1・2・3時限取り扱い
　　　　2　　B先生……第3時限取り扱い
　　　　3　　C先生……第3時限取り扱い
　　　　4　　D先生……第1時限取り扱い
　　　　5　　E先生……第2時限取り扱い

　　その他　　テープ4本、テープレコーダー

授業記録

1　小題目　よいこしかけの条件
2　ねらい　一般にこしかけは三角構造体からなり、じょうぶなよいこしかけの条件を知る。
　期　日　昭和44年1月24日金曜日　3時限
　記録者　岸　善太郎・高橋　潔・テープレコーダー
　場　所　技術室（木工室）

授業内容の構造

時間	教師の活動	生徒の活動（要求・一般）	反応 上 中 下	板　書	教具・資料
5分	1.今日はこしかけについて勉強します。よいこしかけとはどんなこしかけか。よいこしかけの条件について勉			こしかけの条件。いろいろなこしかけ	開降堂の教科書

	強します。						
	2. 身のまわりのこしかけはどのように使われていますか。	1. ミシン用 2. 事務用 3. 休息用 4. 勉強用	○ ○ ○ ○				
	3. いろいろつ使われておりますね。それでは教科書の43ページをひらいて下さい。	5. 生徒は教科書をひらいている。	○				
	4. 43ページにいろいろなこしかけが出ていますが上図は人のすわった状態を示し、下図はそのこしかけを示しています。	6. 説明をききながら教科書をみる。 7. 仕事用 8. ミシン作業用 9. 実験用	○ ○ ○ ○				
	5. 左側はどんなものに使われていますか。						
	6. 一般に仕事をするものに使われていますね。動きがはげしい仕事の場合は背もたれがないほうがいいですね。						
10分	7. 次のものはどんなものに使われていますか。 8. 第三番目は 9. 第四番目のも	10. 事務用 11. 勉強用 12. 会議用 13. 応接用	○ ○ ○ ○				

	のは第三番目と同じように使われています。休息にも役立ちます。 10. 最後のものは、 11. それでは、今までどんなものに使われるか発表してもらったが、使う目的によって形がちがっていることが分かりましたね。 12. 5つに共通にそなえている条件をノートにまとめて下さい。	14. 休息用 15. 説明をきく 16. ノートにまとめる（教科書で調べている生徒多数）	○ ○				
15分	13.（机間巡視）						
20分	14. さあ、それでは発表してもらいます。福田君発表して下さい。 15. その他にあ	17. ・こしかけやすい ・じょうぶで普通の使用でこわれない。 ・持ちはこびやすい。 ・安定していて全体の形がととのっている。 ・製作費がやすい。 18.（大多数）	○		1. こしかけやすい。 2. じょうぶ。 3. 持ちはこびやすい。 4. 安定、全体のつりあい。 5. 製作費が安い。		

	りませんか。いませんね。福田君の発表。したものと同じ意見の生徒は、 16. 福田君は作業がしやすいといっているが作業だけにかぎらないです。勉強のときには勉強しやすいとか休息の場合はねごこちがいいといった場合もあります。	手をあげる。 19. 説明を聞く。	○ ○				
25分	17. 5つの条件は理想的なものであるが条件のうちどうしても欠かせないものがあります。どれだろうか。	20.P1 ①②⑤ 21.P2 ⑤②①③ 22.P3 ④③ 23.P4 ①②④⑤ 24.P5 ①②⑤	○ ○ ○ ○ ○			P1 P2 P3 P4 P5 1 ○ ○　　○ ○ 4 2 ○ ○　　○ ○ 4 3 　○ ○　　　2 4 　　○ ○　　2 5 ○ ○　　　○ 3	
30分 35分 45分	18. 発表してもらったが○を数えてみよう。125が多いですね。 19. 3と4が少ないですね。製作費をぬいて考えた場合はどうですか。 20. いつも持ち運びをしないので、やはり見た感じとで	25. 説明を聞く。 26. 4です。	○ ○		2　じょうぶ 1　こしかけやすい。使いやすい。 3　安全、全体のつりあい。		

35

とのっているほうがいいですね。				
21. 以上三つの点から考えていきましょう。ここに生徒用のこしかけを持ってきたが使いやすいということはどうだろうか。	27. かどのほうがまるくなっていたほうがよい。			
22. こしかけの座の部分と脚の部分からできています。こしかけの大きさを決めるには。	28. 座のはばおくゆき高さ	○		
23. 高さの決め方は教科書にありますね。下たい長さと同じにします。	29. 教科書43ページをひらく。	○	1　使いやすい ・高さ ・はば ・奥行	
24. はば、おくゆき高さが作る人の体格にあっていなければいけません。	30. 説明をきく	○		
25. みなさん方がすわっている工作用のこしかけはどうか調べてみよう。	31. 高さ、はば、奥行が適当であるか検討する。	○		・工作用こしかけ
26. 適当な生徒は手をあげて下さい。適当でない生徒は手をあげて下	31. 少数　多数	○		

27. 適当でない生徒がおおいが、このこしかけは工作用として作ってあり適当でないのは姿勢が悪くなります。		○
28. じょうぶであることですが、かんたんに略図をかいてありますがどのように力がかかるかということを考えます。	32. 説明を聞く。	○
29. 静かにすわっている場合、動いている場合どうだろうか。一定の方向に力はかからないわけです。	33. 説明を聞く。	○
30. 略図をかいてあるがどれが強いだろうか。	34. C です。	○
31. C がなぜ強いのですか。		
32. 力のかかりぐあいから考えることができます。	35. AB よりも力がどこからかかってもつよい、三角形になっているから。	○
33. AB は四角形になっていま		○

2 じょうぶ

A
B
C

力が一定でない

す。		
34.これから実験をはじめます。四角形三角形の模型をくばります。	36.説明を聞く。	○
	37.各班模型を受けとる。	○
35.四角のもの、三角形のものを真上から力を加えて下さい。どうですか。		
	38.四角形のものはただちにこわれます。	○
36.ななめから力を加えたらどうだろうか。		
37.ABのこしかけは実験結果から考えた場合はこわれますね、Cが強いことが分かりますね。	39.三角形のものはこわれない。	○
	40.説明を聞く。	○
38.ここにこしかけがあるが、どうしてCみたいになっていないんですか		
	41.考えながら聞く。	○
39.Bとはちがいますね。座板受けがあります。		
40.座板受けを見るとこれは三角構造になっているわけです。ぬきも同じです。	42.考えながら聞く。	○
	43.説明を聞く。	○
41.三角構造の組み合わせであると考えることができま		

↓
□
↓
△
↘△↙
△

⊓→⊔
↓

🪑

38

すので強い。 42. 接合部は強力に接合されていなければいけません。	44. 説明を聞く。	○	1. 使いやすい 2. じょうぶ 3. ととのっている。
43. ととのっていることですが、45ページをひらいて下さい。全体のバランスがとれていることが大切です。脚の太さ	45. 説明を聞く。	○	
	46. 説明を聞き、45ページをひらく。	○	
44. こしかけの条件、特に大切な条件をまとめます。			
45. 学習ノート24、25ページは宿題にします。	47. まとめを聞く。	○	
		○	

1. 小題目　　　　　よいこしかけの条件
2. 指導のねらい　（1. よいこしかけの条件を知る
　　　　　　　　　　2. 一般にこしかけは三角構造体からなり、じょうぶで
　　　　　　　　あることに気づく）

授業内容の構造

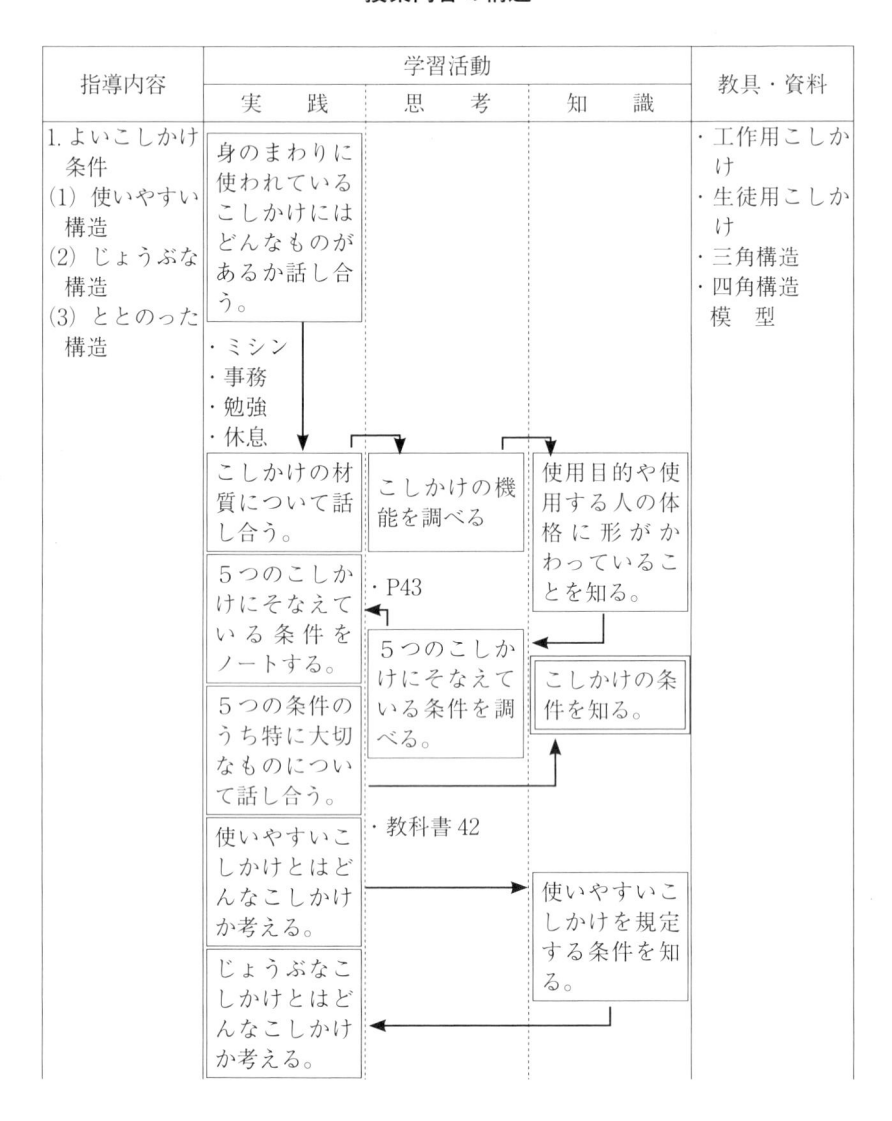

指導内容	学習活動			教具・資料
	実　践	思　考	知　識	
1. よいこしかけ条件 (1) 使いやすい構造 (2) じょうぶな構造 (3) ととのった構造	身のまわりに使われているこしかけにはどんなものがあるか話し合う。 ・ミシン ・事務 ・勉強 ・休息 こしかけの材質について話し合う。 5つのこしかけにそなえている条件をノートする。 5つの条件のうち特に大切なものについて話し合う。 使いやすいこしかけとはどんなこしかけか考える。 じょうぶなこしかけとはどんなこしかけか考える。	こしかけの機能を調べる ・P43 5つのこしかけにそなえている条件を調べる。 ・教科書42	使用目的や使用する人の体格に形がかわっていることを知る。 こしかけの条件を知る。 使いやすいこしかけを規定する条件を知る。	・工作用こしかけ ・生徒用こしかけ ・三角構造 ・四角構造　模　型

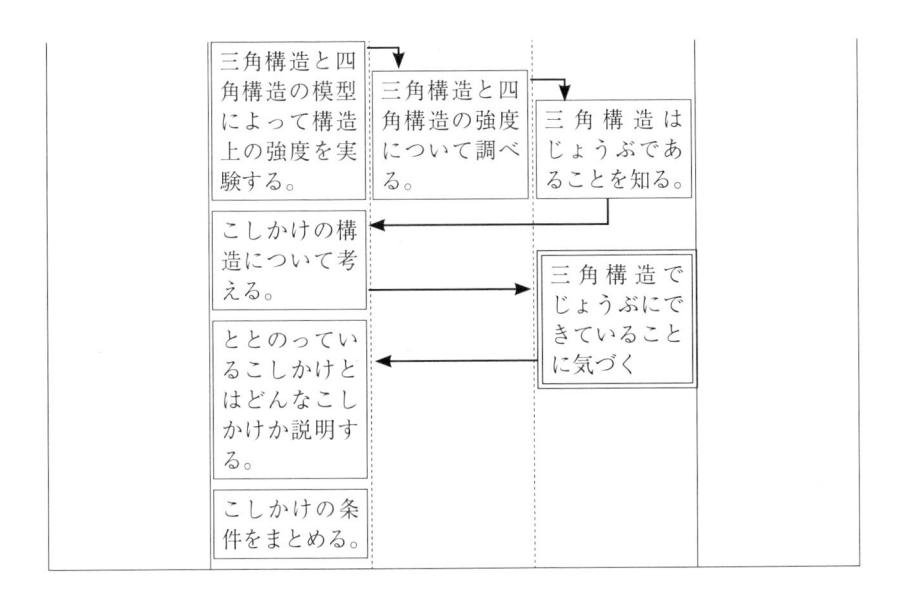

		学習活動		
	三角構造と四角構造の模型によって構造上の強度を実験する。	三角構造と四角構造の強度について調べる。	三角構造はじょうぶであることを知る。	
	こしかけの構造について考える。		三角構造でじょうぶにできていることに気づく	
	ととのっているこしかけとはどんなこしかけか説明する。			
	こしかけの条件をまとめる。			

1. 小題目（木材の強さと利用）
2. 指導のねらい（荷重に対する木材の強さを知り、部材のじょうぶな利用法を知る。木材の強さと含水率、材質、比重、節の有無等の関係に気づく）

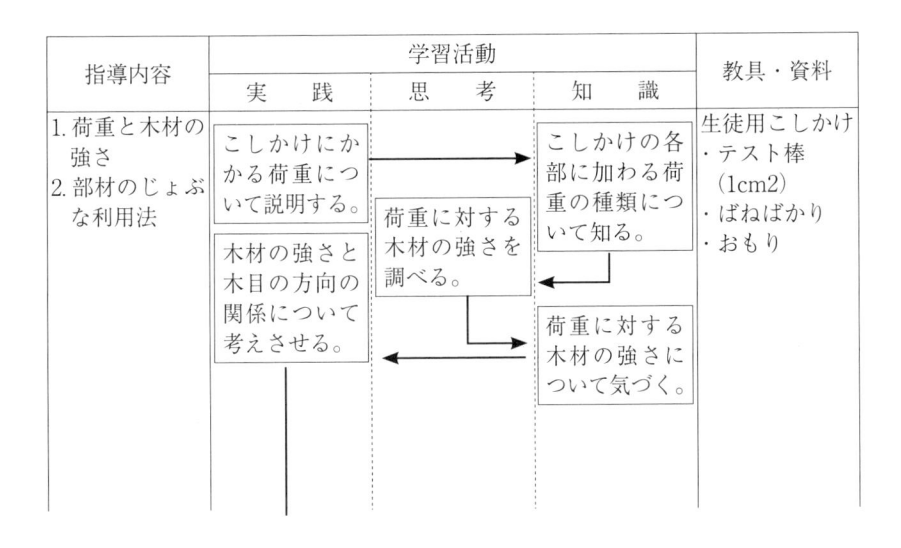

指導内容	学習活動			教具・資料
	実　践	思　考	知　識	
1.荷重と木材の強さ 2.部材のじょぶな利用法	こしかけにかかる荷重について説明する。		こしかけの各部に加わる荷重の種類について知る。	生徒用こしかけ ・テスト棒（1cm2） ・ばねばかり ・おもり
	木材の強さと木目の方向の関係について考えさせる。	荷重に対する木材の強さを調べる。	荷重に対する木材の強さについて気づく。	

41

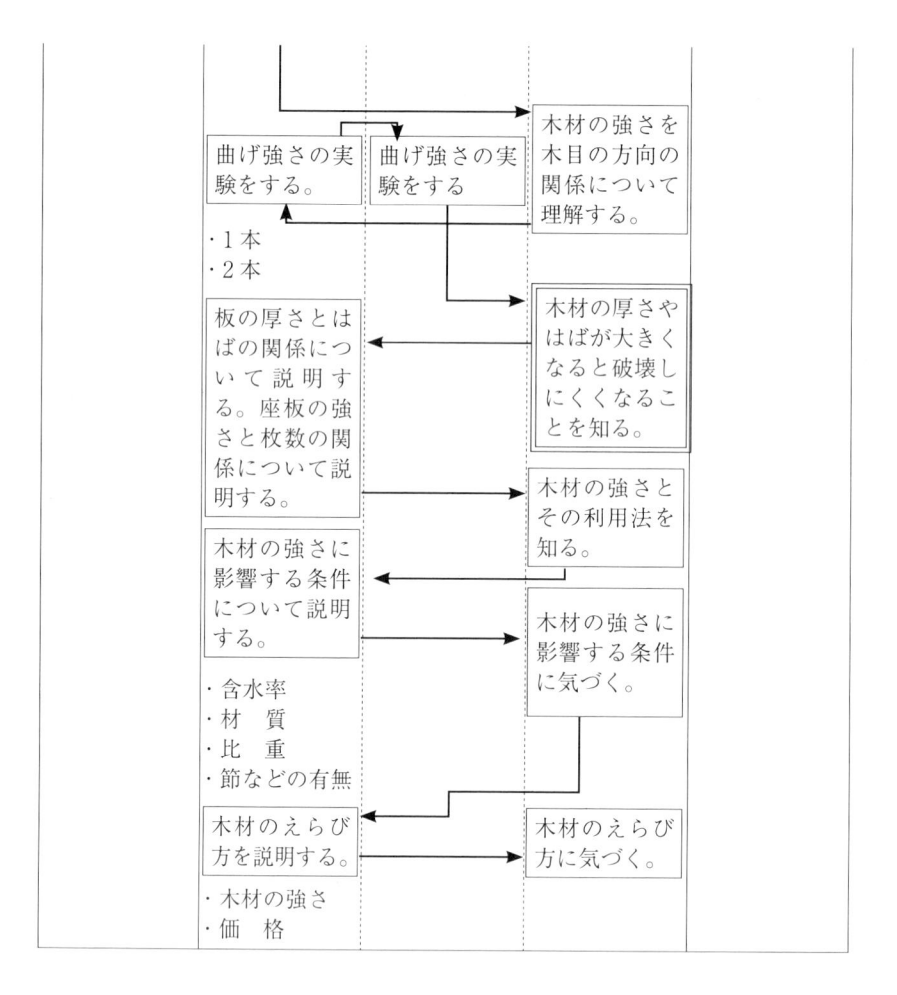

	曲げ強さの実験をする。	曲げ強さの実験をする	木材の強さを木目の方向の関係について理解する。
	・1本 ・2本		
	板の厚さとはばの関係について説明する。座板の強さと枚数の関係について説明する。		木材の厚さやはばが大きくなると破壊しにくくなることを知る。
			木材の強さとその利用法を知る。
	木材の強さに影響する条件について説明する。		木材の強さに影響する条件に気づく。
	・含水率 ・材　質 ・比　重 ・節などの有無		
	木材のえらび方を説明する。		木材のえらび方に気づく。
	・木材の強さ ・価　格		

授業内容の構造

1. 小題目　　　加工法
2. 指導のねらい　・角材の接合法を知る。
   　　　　　　　・接合部の補強法を知る。

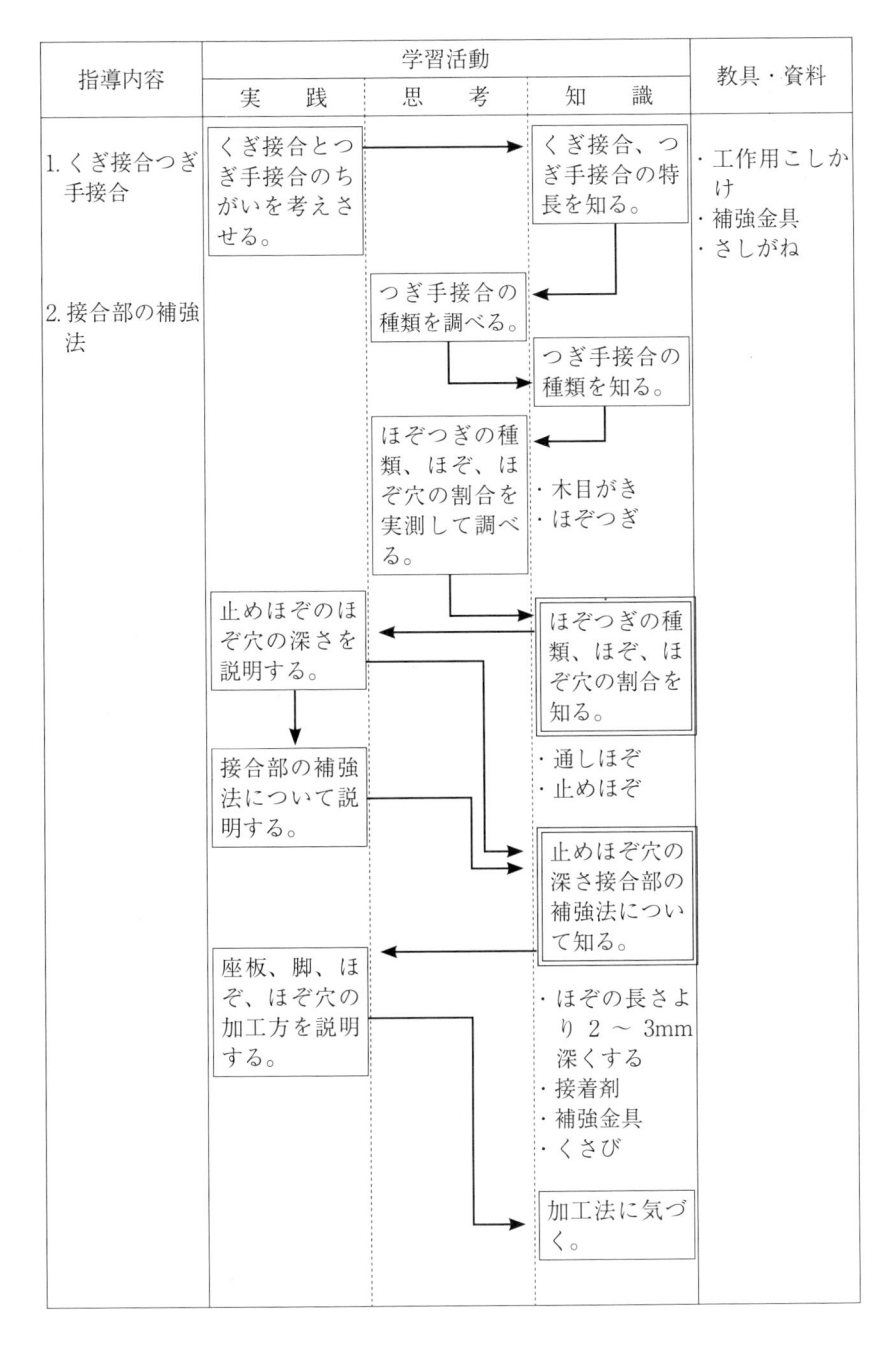

指導内容	学習活動			教具・資料
	実　践	思　考	知　識	
1. くぎ接合つぎ手接合 2. 接合部の補強法	くぎ接合とつぎ手接合のちがいを考えさせる。		くぎ接合、つぎ手接合の特長を知る。	・工作用こしかけ ・補強金具 ・さしがね
		つぎ手接合の種類を調べる。	つぎ手接合の種類を知る。	
		ほぞつぎの種類、ほぞ、ほぞ穴の割合を実測して調べる。		・木目がき ・ほぞつぎ
	止めほぞのほぞ穴の深さを説明する。		ほぞつぎの種類、ほぞ、ほぞ穴の割合を知る。	
	接合部の補強法について説明する。		・通しほぞ ・止めほぞ	
			止めほぞ穴の深さ接合部の補強法について知る。	
	座板、脚、ほぞ、ほぞ穴の加工方を説明する。		・ほぞの長さより2〜3mm深くする ・接着剤 ・補強金具 ・くさび	
			加工法に気づく。	

(2) 学習指導の実際

① 第1学年の指導　　　　　第1回実験授業
小題目　・両刃のこぎりの構造と切削のしくみ
　　　　・切断の方法
　　　　・切断
ねらい　・のこぎりの切削のしくみを知る。
　　　　・切断の方法を知る。
　　　　・切断できる。

イ　比較群（1の1・2）の指導

指導及び学習活動	教具・資料
・両刃のこ刃の用途に気づく。 ・木目方向に切断するには、縦びきが使われていることに気づく。 ・木目と直角の方向の切断には横びきが使われていることに気づく。 ・縦びき、横びきの刃は、のみ、きり出しナイフに似ていることを説明する。 ・横びきは、繊維を切断する働きをすることを説明する。 ・縦びきと横びきの刃を図解し名称を説明する ・両刃のこぎりの構造を説明する。 ・実際に実験してみる（切断実験）。 ・のこ刃の切削のしくみを知る。	・のこぎり ・テストピース
・のこぎりを提示して、どの部分から引き始めたらよいか予想させる。 ・各班にテストピースをわたして切断させる ・引き始めの方法を知る。 ・すみつけしたテストピースを切断させる。	・テストピース ・すみつけしたテストピース
・切断するとき、材料を固定し、案内ゆびをあてて切断したほうがよいことを知る。 ・厚い板材とうすい板材を切断するときには、	

指導及び学習活動	教具・資料
厚い板材はのこ刃との角度を大きく、うすい板材は小さくすることを説明する。 ・うすい板材よりも厚い板材、やわらかい板材よりもかたい板材のほうを角度が大きくなることを知る。 ・切断の方法を知る。	
・材料のきり終わりののこぎりの使い方について話し合う。 ・きり終わりは小きざみにゆっくり切断することを説明する。 ・長い板材の場合は支えてひきわれがおこらないように注意する。 ・本立てのすみつけをした板材を提示して、のこびきの順序を説明する。 ・切断実習をする。 ・切断できる。	・のこぎり ・本立のすみつけした板材

ロ　実験群（1の5・6）の指導

指導及び学習活動	教具・資料
・A・Bの方向に切断するのこぎりは何を使うか話し合う。 ・木目の方向（B）に切断するには、縦びきが使われていることに気づく。 ・木目と直角の方向（A）に切断するには、横びきが使われていることに気づく。 ・縦びき、横びきの切断実験をする。 ・あさりのはたらきに気づく。 ・縦びき、横びきの刃の実物を見てノートにかく。 ・代表者を出して黒板にかく。 ・のこ刃の名称を説明する。	・のこぎり ・テストピース
・どんな刃物に似ているか考えさせる。 ・縦びき、横びきはそれぞれのみ、きり出しナイフに似ていることに気づく。	

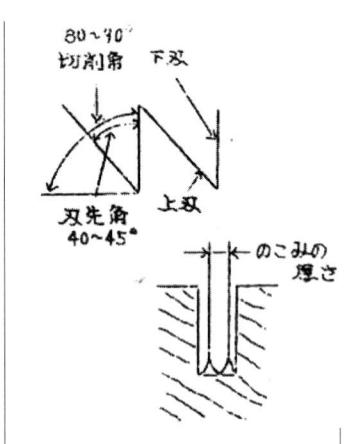

・あさりのはたらきを知る。 ・教師実験によって、のみで木目と同方向と木目と直角の方向に切断して見せる。 ・横びきが木目と直角方向（A）に切断するわけを知る。 ・のこぎりの切削のしくみを知る。	80〜70° 切削角　下刃 刃先角 40〜45° 上刃 のこみの厚さ
・のこ刃を提示して、どの部分から引き始めたらよいか予想をたてさせる。 ・各班ともテストピースをわたして引き始めの実験をさせる。 ・引き始めの方法を知る。 ・すみつけしたテストピースをわたして切断させる。 ・切断するとき、材料を固定して、案内ゆびをあてて切断する方法を知る。 ・厚い板材とうすい板材、やわらかい板材とかたい板材とのこ刃との角度はどれが大きいか予想をたてさせる。 ・厚い板材とうすい板材を教師実験で切断し、のこ刃と板材との角度を調べる。 ・うすい板材よりも厚い板材、やわらかい板材よりもかたい板材のほうを角度が大きくなることを知る。 ・切断の方法を知る。	よこびき c b a c b a たてびき ・テストピース ・すみつけしたテストピース ・ラワン材と杉材
・材料のきり終わりののこぎりの使い方について話し合う。 ・テストピースによって各班ともひき終わりの実験をする。 ・ひき終わりは、小きざみにゆっくり切断することを知る。 ・長い板材の場合、ひきわれがおこらないように支えて切断することを知る。	・テストピース ・のこぎり ・本立てのすみつけした板材

| ・本立てのすみつけした板材を提示して、のこびきの順序を話し合う。
・切断実習をする。
・切断できる。 | |

② 第1学年の指導　　　　　第2回実験授業

小題目　・かんなの切削のしくみ
　　　　・かんなの調整
　　　　・板材のけずり方

ねらい　・かんなの切削のしくみを知る。
　　　　・かんなのしたばしくみをしり、かんなの調整ができる。
　　　　・板材のけずり方ができる。

イ　比較群（1の5・6）の指導

指導及び学習活動	教具・資料
・かんなの名称を75ページを見て覚える。 ・かんなの名称・構造を知る。 ・かん身を板書して、かんなで板をけずれるわけを説明する。 ・かん身がかんな台に入っている状態を知る。 ・切削抵抗に附随する角度の関係を説明する。 ・切削角と切削抵抗の関係を説明する。 ・切削角が大きければ、切削抵抗大きくなり、小さければ、切削抵抗が小さくなることを説明する。 ・切削には引っぱり作用とせんだん作用があることを説明する。	
・身近かにある刃物を生徒にあげさせる。 ・かんなの切削のしくみを知る。	
・かんなの名称を復習する。 ・かんなの各部の働きを考えさせる。 ・かんなの下ばと材料とのまさつの関係を説明する。	

・かんなは下ばが大切であることを説明する。 ・台なおしには台なおしかんなを使うことを説明する。 ・かんなの調整の方法を説明する。 ・かんな調整実習をする。 ・かんな調整がうまくできたか板材をけずらせる。 ・かんなの調整ができる。	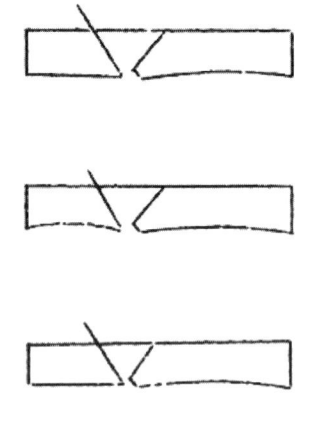 ・かんな ・テストピース
・板材を配る。 ・板材を切削する。 ・さかめがおこる原因を説明する。 ・刃先角が小さければさかめがおこりやすく、大きくなればおこりにくくなることを説明する。 ・かんなの刃先角は25°〜30°ぐらいになっていることを説明する。 ・刃先角が小さいと先われがおこるので、裏金が使われていることを説明する。 ・板材のけずり順序を説明する。 ・板材の切削実習をする。 ・板材のけずり方ができる。	・板材（テストピース） 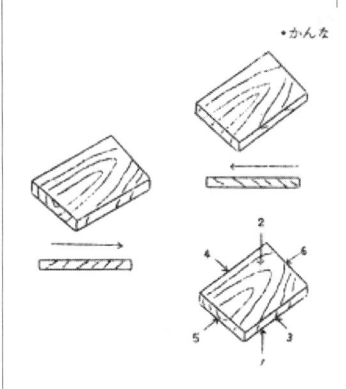

ロ　実験群（1の1・2）の指導

指導及び学習活動	教具・資料
・75ページを見て、実物と比較しながらかんなの名称を覚える。 ・かんな各部の名称、構造を知る。 ・かんな身を提示して、どういう状態に入っているか考えさせる。 ・かんなで板がけずれるわけを考えさせる。 ・教師実験により、ゴムねんどで切削の状態を調べる。 ・かんな身を図示して、切削抵抗に附随する角度を説明する。 ・Aを大きくしたら切削抵抗はどうなるか考えさせる。 ・かたい材料とやわらかい材料はAがどのようにかわるか考えさせる。 ・かたい材料の場合は切削角は大きく、やわらかい材料の場合は切削角が小さくなることを知る。 ・掛図を見て、切削には、ひっぱり作用とせんだん作用からなることを知る。 ・裏金のはたらきに気づく。 ・身近にある刃物をあげさせる。 ・かんなの切削のしくみを知る。	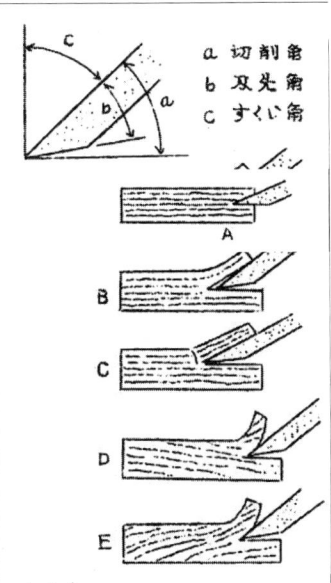 a 切削角 b 刃先角 c すくい角 ・かんな ・ゴムねんど ・きり出しナイフ ・テストピース ・のみ
・かんなの名称を復習する。 ・かんな各部の働きについて考えさせる。 ・掛図を見てまさつ抵抗が大きいのはどれか考えさせる。 ・材料と下ばのまさつ抵抗が小さいのはどれか考えさせる。 ・下ばと切削抵抗の関係を知る。 ・刃口は荒仕上げ用よりも上仕上げ用が小さいことを知る。 ・かんなは下ばの状態が切削に影響することを知る。 ・かんなの下ば調整に台なおしかんなが使われていることを知る。 ・かんな身をぬいたり、出したりするにはどう	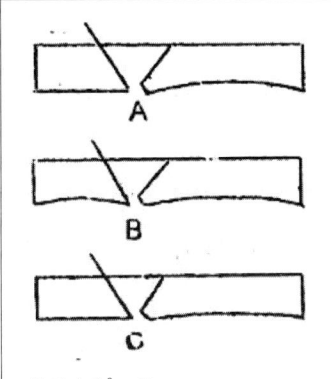 ・テストピース ・木づち

・したらよいか考えさせる。 ・かんなの調整の方法を説明する。 ・かんな調整実習。 ・板材をけずる。 ・かんなの調整ができる。	・かんな ・台なおしかんな
・板材を配る。 ・板材を切削する。 ・さかめのおこる原因を考える。 ・テストピースによって、こばと面を調べる。 ・各班とも、切削の方向をチョークでしるす。 ・刃先角と切削の関係を掛図で考えさせる。 ・刃先角が小さいと先われがおこり、大きくなるとおこりにくくなることを知る。 ・先われをふせぐために、裏金が使われていることを知る。 ・刃先角を調べる。 ・刃先角は25°～30°ぐらいになっていることを知る。 ・板材の切削順序を説明する。 ・板材を切削する。 ・板材のけずり方ができる。	・テストピース ・かんな・木づち

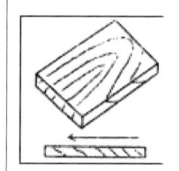

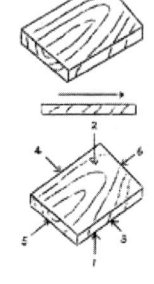

③ 第2学年の指導　　　　統制群法による実験授業

小題目　・よいこしかけの条件

　　　　・木材の強さと利用

　　　　・加工法

ねらい　・一般にこしかけは三角構造からなり、じょうぶなよいこしかけの条件を知る。

　　　　・荷重に対する木材の強さを知り、部材のじょうぶな利用法を知る。木材の強さと含水率、材質、比重、節の有無等の関係に気づく。

　　　　・角材の接合法を知る、接合部の補強法を知る。

イ　比較群（2の4・5）の指導

指導及び学習活動	教具・資料
・身のまわりにあるこしかけはどのように使われているか説明する。 ・43ページのこしかけの種類と機能について説明する。 ・よいこしかけの条件を板書し説明する。 ・こしかけの条件のうちで特に大切なものを説明する。 ・こしかけの大きさを決める方法を示範して説明する。 ・こしかけに加わる力の方向を説明する。 ・A・B・Cの順にじょうぶであることを説明する。 ・こしかけを提示して、座板受け、ぬきは三角構造からなっていてじょうぶであることを説明する。 ・ととのったこしかけについて説明する。 ・よいこしかけの条件をまとめる。 ・学習ノートの整理。	
・こしかけ各部に加わる荷重の種類について説明する。 ・木材の強さと種類について板書して説明する。 ・木材の曲げ強さを板書して説明する。 ・木材の曲げ強さとこしかけ各部の厚さやはばの関係を説明する。 ・木材を選ぶとき、加工の難易、木材の強さ、価格によって決めることを説明する。 ・木材の強さは、木材の木目と荷重の方向、含水率、材質、比重、節の有無等によって強さがちがうことを説明する。 ・学習ノートの整理	
・くぎ接合とつぎ手接合の構造上の強さのちがいを説明する。 ・P50によってつぎ手の種類を説明する。	

指導及び学習活動	教具・資料
・ほぞ、ほぞ穴の割合を構造上の強さの点から説明する。 ・かたい木材とやわらかい木材のほぞ穴の大きさを説明する。 ・ほぞ穴の深さを説明する。 ・接合部の補強法を説明する ・こしかけ各部の加工法についてかんたんに説明する。 ・学習ノートの整理。	

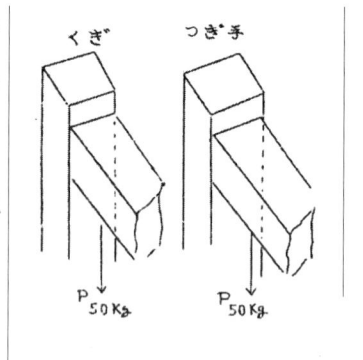

ロ　実験群（2の6・7）の指導

指導及び学習活動	教具・資料
・身のまわりにこしかけはどのように使われているかを話し合う。 ・43ページのこしかけの種類と機能について話し合う。 ・よいこしかけの条件を調べる。 ・こしかけの条件のうち特に大切な条件はなにか考えさせる。 ・使いやすいこしかけとはどんなこしかけのことか。大きさを決めるときどんな点に注意したらよいか。 ・工作用のこしかけは使いやすいこしかけであるか調べる。 ・こしかけにはどのように力が加わるか考えさせる。 ・A・B・Cどれが一番じょうぶであるか考えさせる。 ・矢印の方向に力を加えるとどれがじょうぶであるか実験によって調べる。 ・こしかけを提示して、座板受け、ぬきは三角構造になっていてじょうぶであることを説明する。 ・P45によってととのっているこしかけとはどんなこしかけのことか説明する。 ・よいこしかけの条件をまとめる。	

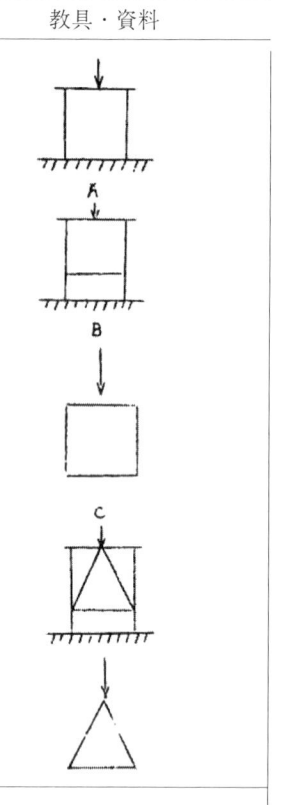

・こしかけ各部に加わる荷重の種類について考えさせる。 ・木材の強さと種類について46ページによって話し合う。 ・木材の曲げ強さを実験によって調べる。 ・木材の曲げ強さとこしかけ各部の厚さやはばの関係を考えさせる。 ・木材を選ぶとき、加工の難易、木材の強さ、価格によって決めることを説明する。 ・木材の強さは木目の方向と荷重の方向、含水率、比重、材質、節の有無等によって強さがちがうことを説明する。	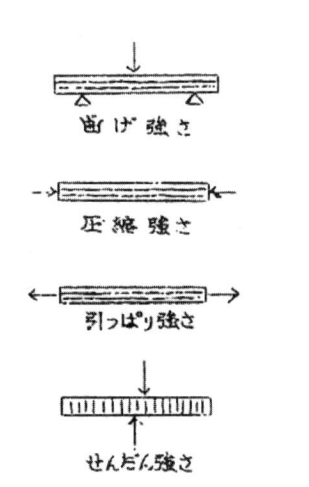 曲げ強さ 圧縮強さ 引っぱり強さ せんだん強さ
・つぎ手接合とくぎ接合の構造上の強さのちがいを考えさせる。 ・P50によってつぎ手の種類を説明する。 ・ほぞとほぞ穴の割合を工作用のこしかけによって測定して調べる。 ・かたい木材とやわらかい木材のほぞ穴の大きさについて考えさせる。 ・ほぞ穴の深さを考えさせる。 ・こしかけ各部の加工法についてかんたんに説明する。	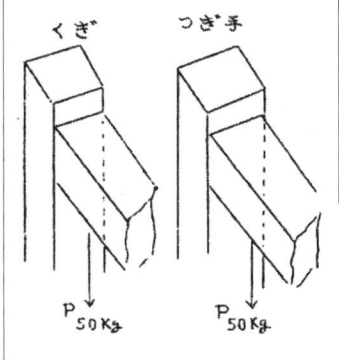 くぎ　　つぎ手 P 50Kg　P 50Kg

Ⅴ 研究結果と考察

1 結果

(1) 指導内容の範囲と程度

基礎的事項	学年	学習過程	知　　識	技　　能
木材の組織と性質	1	考察設計	1 木材は細胞から成り立つ繊維構造体で方向性のあることを知る。 2 木表、木裏の区別と特徴を知る。 3 柾目、板目の区別と特徴を知る。 4 木材は繊維方向によって強さがちがうことに気づく。	
	2	考察設計	1 木材は水分の含水率によって強さがちがうことに気づく。 2 木材は比重の大きさによって強さがちがうことに気づく。 3 荷重に対する応力の強さを知る。 4 木材は断面の形状によって強さがちがうことを知る。	
荷重と構造	1	考察設計	1 加えられる荷重の方向に対する構造のあり方を知る。 2 安定、重心は、板のはば、高さなどに関係することを知る（本立）。 3 曲げ荷重と構造の関係に気づく。	
	2	考察設計	1 荷重の意味と主な荷重の種類を知る。 2 荷重に対する木材の効果的な用い方を知る。 3 三角構造がじょうぶであることを知る。 4 四角構造の中に見られる三角構造の働きに気づく。	
切削のしくみ	1	製作	1 のこぎりの構造と切削のしくみを知る。 2 あさりの働きを知る。 3 かんなの構造と切削のしくみを知る。 4 切削角に附随する角度の関係を知る。	1 のこぎりの使い方が身につく。 2 かんなの使い方ができる。 3 かんなの調整ができる。

切削のしくみ	1	製作	5 材料の切削方向により逆目を防ぐ方法を知る。 6 裏金の働きとかんな調整の方法を知る。	
	2	製作	1 のみのすすむ方向、刃裏方向、切刃方向を知る。 2 のみは分力が強く働くことを知る。	1 のみの使い方ができる。
	1	製作	1 自動かんな盤の構造と各部の働きを知る。 2 自動かんな盤は刃の高速回転によって切削することを知る。	1 教師指示どおりにハンドルを回して使うことができる。
	2	製作	1 木材の切断方向によって、丸のこ刃の形がちがうことを知る。 2 丸のこ盤の構造と各部の働きを知る。 3 角のみ機はきりの高速回転ときり刃のせん断作用によって切削することを知る。	1 自動かんな盤を使うことができる。 2 丸のこ盤を使うことができる。 3 角のみ機を使うことができる。
接合と接着	1	製作	1 板面と木口面の接合力のちがいを知る。 2 釘と木ねじの接合力のちがいを知る。 3 接着材料の種類による接着力がちがうことに気づく。 4 接着剤による接着の原理を知る。	1 接合面を考えてくぎ接合ができる。 2 木ねじで接合ができる。
	2	製作	1 はばのせまい板を広く使う工夫に気づく。 2 接合力とていさいにすぐれたほぞ接合法を知る。 3 ほぞ接合はほぞとほぞ穴の密着の度合いが接合力に大きな影響のあることを知る。 4 ほぞ、ほぞ穴の大きさとじょうぶさの関係を知る。	1 角材のほぞ接合ができる。 2 接着剤による接合ができる。 3 角材接合の補強法ができる。
塗装	1	塗装	1 素地みがきの効果を知る。 2 目止めの目的を知る。 3 塗装の目的を理解する。 4 溶剤の種類と働きを理解する。	1 素地みがきができる。 2 目止めができる。 3 塗装ができる。
	2		1 塗装順序と塗装効果を知る。	1 塗装が身につく。

2 考察

仮説1について

　第1学年実験結果の考察
(1) 第1回実験結果には、両学級に有意差が認められなかった。このことは、実験群の指導と比較群の指導が分離されなかったために失敗に終わったものと考える。
(2) 第2回実験結果には、両学級に有意差が認められ、創造的思考の場を位置づけた指導が学習内容を定着させるのに優れているものと考える。
(3) 創造的思考の場の位置づけにおいて、教師の示範だけにとどめた場合は、定着が悪いと考える。生徒一人ひとりの感性に訴えた場合もっと効果があがるだろう。
(4) 調査ⅠⅡⅢから創造的思考の場を位置づけた指導は知識や技能の定着がよかったものと考える。学習態度の観察や調査Ⅲの解答から判断できる。
(5) 第1回テスト、第2回テストの得点分布から考えた場合、第1回目は実験群はまとまりのある成績になっている。第2回目は比較群がまとまっているが指導法に問題があったものと考える。

　第2学年実験結果の考察
(1) 事前テスト結果においては、両学級に有意差が認められず、両学級の成績には差がないものと考える。
(2) 指導後のテスト結果においては、両学級に有意差が認められ、全体的に考えた場合、創造的思考の場を位置づけ指導が優れているものと考える。
(3) 抽出生徒の成績は両学級に有意差は認められなかった。条件の統制と人数が少なかったためだろう。実験群は成績の向上がみられる。

仮説2について
(1) 毎時間評価含みの授業をしても家庭学習は以前としてやっていない。このことは、テストの処理と動機づけの方法に問題があろう。
(2) 授業が真剣に受けられると答えたのが65％で、評価含みの授業を継続

的にやれば学習内容の定着はよくなるだろう。
(3) 思考の場を位置づけ実験を取り入れたら授業に真剣さが出て、学習内容の定着はよくなるものと考える。

仮説3について
(1) 授業内容の構造化によって、指導内容が具体的になって範囲と程度が決められた。
(2) よいこしかけの条件では、こしかけの構造上の強さにふれさせ、機能上人体にあった大きさを決める方法を習得させることが大切であると考える。
(3) 木材の強さと利用では、こしかけにかかる荷重に対する木材の使い方を習得させることが大切である。そのためには、曲げ荷重の実験によって理解させることが大切であると考える。
(4) 加工法では、ほぞとほぞ穴の大きさ、補強法について理解させることが大切である。

Ⅵ 研究のまとめと反省

1 まとめ

(1) 創造的思考の場を学習過程に位置づけたならば学習内容は定着する。
(2) 思考の場は、生徒の生活経験、学習経験を考慮して実践活動を通して生徒の感性に訴えたほうが効果的である。
(3) 思考の場を学習過程に位置づけて指導するときには、次時の学習に直接結びつくものでなければならない。
(4) 思考の場を授業にとりいれた場合、教師の授業準備に時間がかかることと、1題材に時間がかかるので他の分野との調和させることが大切である。
(5) 指導内容の精選に当たっては、実証授業を通してやればより具体的で生徒の実態に即応した学習活動が展開できる。

2 反　省

(1) 実験群の授業において、教具資料の準備が十分でなく、予想した通りの研究結果が出なかった。
(2) 実験後のテストは研究計画上、生徒に予告なしに条件を整えて実施したためか全体的にいい成績とは思わない。
(3) テストを十分検討しなかったために、得点分布において予想した結果が得られなかった。
(4) 実験群の授業ではいつも時間ぎりぎりで学習ノートの整理の時間がとれなかった。学習ノートの使い方を指導する必要があった。
(5) 指導法の分離が十分なされず、予備実験、第1回実験は失敗に終わった。
(6) 技能の定着は工具の良否によって左右される。工具の条件を整えて実験する必要があった。
(7) この研究において技術・家庭科の学習指導法の確認することができ有意義であった。

主な参考文献

1　創造し思考する学習に適した指導法と題材　中山峻著　那覇教育研究所
2　製作学習における教材・教具の利用について　上間英爾著　研究教員報告書
3　創造的思考力を伸ばすための学習指導法　比嘉良幸著　研究教員報告書
4　創造性を伸ばす技術・家庭の学習指導　拙著　那覇教育研究所
5　技術・家庭科指導の手びき　第3集　群馬県教育委員会
6　技術・家庭科における基礎的事項を効果的に指導するための実践研究。昭和41・42年研究報告書　渋川中学校
7　技術科の授業構造　鋳木寿雄共著　実教出版株式会社
8　社会科の指導内容の構造化　山口康助著
9　発見学習　　広岡亮蔵著　明治図書
10　授業改造　　　〃　　〃
11　中等教育原理　　〃　　〃

12　教育学著作集ⅠⅡⅢ　　〃　〃
13　教育研究入門　群馬県教育研究所連盟　東洋館出版社
14　現場のための教育研究法　小野寺明男著　新光閣書店
15　統計調査法　西平重喜著　培風館
16　テスト利用に関する41章　実用統計編　標準テスト研究会　金子書房
17　心理教育　統計学　肥田野直共著　培風館
18　学校教育全書　家庭・技術教育14　海後宗臣編著　全国教育図書株式会社
19　研究紀要　昭和43年　研修員研究員編著　渋川教育研究所
20　刃物の手入れ　朝倉真純著　群馬県教育センター

第2節　とうふに線を引く
──製図の指導──

1　優れた実践に憧れを持つ

①渋川中学校　島田又一郎先生を通して
　斎藤喜博先生という名前を知ったのは島田又一郎先生を通してであった。校長先生が素晴らしい先生だから是非お会いするようにと紹介して下さった。研修の日程上お会いすることはできなかった。帰任の途中資料収集を兼ねて大阪の研究所に立ち寄った。研究論文募集に応募している方々の大半が斎藤喜博先生の「教師は授業で勝負せよ」という名言に心を打たれているということに改めて先生の素晴らしさに感動した。先生にお会いできなかったことを謝し今後のご指導を仰ぐことをお願い申し上げた。

①教授学部会の実践発表にふれて
　那覇の教師から、斎藤先生の指導しておられる教授学部会の研究表会のご案内を見て一緒に参加した。
　教授学部会の研究実践発表は大学の先生方と共同の指導態勢で実践研究が進められていた。実践者の発表を見たり、聞いたりしていると斎藤先生の素晴らしさに感動したのである。これほどまで児童・生徒の可能性を引き出しているのは、教師が児童生徒の可能性を信じているからに他ならないと思った。
　教授学部会の実践発表を見てすっかり斎藤先生の素晴らしさや偉大さにふれ技術・家庭科の教育を通して生徒の可能性を伸ばす実践を作り出していくことを志すようになった。

2　とうふに線を引く──製図の指導──

①中学校の技術・家庭科の授業で先ず最初に学ぶ技術の授業は製図である。

線には　実線、破線、一点鎖線、二点鎖線の4種類と太さと用途が決められ、実線は太さによって全線と細線に分けられ、　全線は用途別に外形線と破断線、細線は寸法線、寸法補助線、引出線、ハッチングに使い分けられる。破線は太さでは半線で、全線の2分の1の太さと決められ、用途はかくれ線として使われる。一点鎖線は半線と細線に分けられる。半線は切断線に使われる。細線は中心線として使われる。二点鎖線は半線だけで想像線として使われる。

　実習に即して指導するのが原則であるが一つの題材の製作図に全ての線が使われないので線の種類、太さによる用途を理解させるには困難である。

　①基礎製図の時間に簡単な工作図のかきかたを学習した後に木材加工の本立ての製作図に発展させる。簡単な工作図を製図する場合でも細線で下がき線をかいてから全線の外形線で仕上げるのが一般的なやり方である。細線の下がき線の製図の指導が難しい。細い線の下がき線でかきなさいといっても太い線の外形線になり、間違いの修正がうまくいかず図面を汚してしまうことが多かった。鉛筆を使い分けても同じことが多かった。鉛筆の削り方を授業に取り入れて少しはよくなったように思えたが根本的な解決にはならなかった。

　教授学部会に参加して素晴らしい実践の発表を聞いて技術・家庭科の授業に生かすことはできないだろうかと思った。

　②感動を形にする
　研究会で感動したことをすぐ実行するにはいろいろ考えるものである。さまざまな条件をクリアしなければならない。あまり考え過ぎるとできなくなるので感動した時点で教材と向き合う。できなかったことは何なのか、解決策をどうするか、生徒にどう対面させるか、である。十分に教材解釈をしてから授業に臨むようにすることが求められている。

　私は実践記録にも述べているように製作図をありのままに分析することから始めた。大学の恩師や鉄工所経営者にも協力を願ってご指導を仰いだ。実践とよく向き合った。これまで実践と真剣に向き合うこともなかった。生徒は時間が足りないから十分できないんだと思い惰性で評価をしていた。作品

の評価をして期末テストの成績と合計して評定をしていた。生徒の可能性をぎりぎりまで伸ばそうという努力はしていなかったことを反省するばかりであった。研究教員での研修、教育センターでの研修は学習指導方法の研修であった。よき学習指導法を求めての研修であった。教授学部会の実践は、実践の事実に目を向け子どもの可能性をぎりぎりまで伸ばそうとするものであった。子どもの可能性に着目してぎりぎりまでに可能性を伸ばし育てるという斎藤喜博先生の教育理念が貫かれていた。実践の事実に目を向けることから授業改善は始められていた。私のこれまでの学習指導法の実践研究は根本から考えなおし実践の事実に立った研究実践に方向をかえなければならないと思った。何が問題なのか事実を見極めることから始めようと思った。細線の下がき線が引けないという事実に目を向け身近にある沖縄とうふに線を引くというイメージをもたせて実践したらうまくできた。線を軽く引きなさいと指示しても個々人筆圧が違うのでうまくいかなかった。イメージをもたすことで生徒の可能性を引き出しうまくできたのである。

　この実践は1974年国土社刊　斎藤喜博・柴田義松・稲垣忠彦・吉田章宏編「教授学研究」5に報告したものである。斎藤喜博先生に出会った最初の実践である。

とうふに線を引く
──製図の指導──

1 はじめに

　教授学部会に参加して数々の研究報告を聞き、生徒の可能性は教師の指導技術によって無限に伸ばせることに深い感銘を受けた。とび箱指導の栄元さんの報告や図画の島の絵の福田さんの報告は、興味深く、中学校技術・家庭科の技術の習得とかなり共通した点があった。イメージづくりによる技術の習得はこれまでの観念的な指導をみごとに打破して素晴らしい教育実践が積み上げられていることにいたく感動したのである。技術・家庭科の製図技術の習得はいろいろ工夫をして指導をしても困難なことが多かった。製図技術の指導をイメージづくりによって指導したらこれまでの指導よりも効果が上がるのではないかと思い実践をしてみた。

2 木製ブックエンドの製作図の分析

　新しいイメージづくりによる実践をする前に一学期に学習した製作図の分析からすることにした。学習指導上の問題点や生徒の実態をありのままの姿でとらえ、それをイメージづくりの実践に生かすことに努めた。
　まず製作図323人分の作品を対象として、30数年図面一筋に仕事をしておられ、鉄工所を経営しておられる島袋さんに実務家という立場から図面を見ていただいた。琉球大学の岸本先生には長年技術教育にたずさわっておられる立場から指導助言をいただくことにした。分析は全生徒の作品を対象として、図面ではどんな点が重要であるのか、実務家と技術・家庭科を担当している者との相違点から図面の本来の姿を学ぶことにした。初めから図面を評価する観点を示してからA、B、Cの段階にふるいわけることをしないで、まず、全作品を見て、非常によいものをA、よいものをB、努力を要するものをCとしてふるいわけていただいた。その結果は次の通りである。

	A	B	C
島袋氏	69（21%）	155（48%）	99（31%）
野　原	148（46%）	85（26%）	90（28%）

　その結果から分かることは、Cの評価がほとんど同じ評価しているのに比べて、AとBが逆になっていることが実務家との相違点であった。その理由を聞いてみたら寸法矢印の濃さにあった。私は図のような寸法線、寸法矢印を同じ濃さにしても評価はAにしてあったが、島袋さんはアよりもイが濃くないと図面がぱっとしない。イを濃くすることが寸法記入上大切なことであると説明された。実務家は毎日の仕事で図面を使用する者の立場から、指摘して下さった。私は評価が終わってから、どういう観点からふるい分けたかをお聞ききしたら次の点をあげておられた。

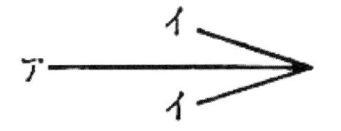

（1）図面配置はよいか。
（2）寸法記入が一見して分かりやすいか。
（3）図面が汚れていないか。
（4）図面が正確で寸法記入も正確であるか。
（5）線が用途ごとに生きているか。

　実務家の評価の観点と図面の評価の観点がよく一致していることにおどろいたのである。つまり、これまでの評価の観点を実務家によって新たに確認することができたことはよかったと思う。特に、図面は製作者が図面上、疑問があっても設計者や消費者の意志に反して勝手に変更が許されない権威のあるものであると語っておられるのは印象的であった。正確、完全、明瞭にかかなければいけないと強調された。
　恩師の琉球大学の岸本先生にも全生徒の作品をそっくり持って行って一枚一枚ていねに見て下さり、次の点を特にご助言をいただいた。

（1）表題欄、部品欄は図面や仕上げから見るともっとていねいにかくように

指導すること。図面の仕上げは全般的によい。
(2) 文字は、はっきりと分かりやすくかくように指導すること。
(3) 図面に使われている線には二重になっているものがある。一回引いた線を濃くするため、太くするためにずらして引いたものや逆に引き戻したものが二重になっていて死んでいる。線はひといきに引くように指導する。
(4) 寸法矢印は定規を使ってかくようにする。図のようにかいてはいけない。

$\Rightarrow \quad \rightarrow \quad \rightarrow \quad \rightarrow$

　私は、数年あまり技術・家庭科を担当してきて実務家や学者に全作品そっくりお見せしてご指導をいただいたのはこれが全く初めてのことであった。今まで気づかなかったことや誤まりを率直にご指摘をいただいたことは次の実践への大きな原動力となったのである。

3　イメージによる線の引き方の指導

　図面が生きるとはJIS製図通則によってかかれていて、正確、完全、明瞭にかかれ共通語としての役目を果たすこと、見る人にかたりかけてくるような図面であること、生徒のもっている能力が十分発揮されていること。
　製作図に設計者のイメージが盛りこまれていることである。私はここ数年間生きた図面を仕上げる指導をしてきたがなかなかうまくいかなかった。特に太い線、細い線の区別ができなかったり、寸法数字が正確にかけなかったり、表題欄、部品欄がていねいにできなかったりした。その中でも線の引き方の指導は困難であった。下がき線を指導するのに2Hか3Hの鉛筆で軽く引きなさいとか、細く引きなさいとかいっても生徒はうまく引けなかったりした。具体的に太い線と細い線を提示してこのように引きなさいといっても教師の意図する線がうまく引けなかったりして困難であった。線の太さが区別できないのは鉛筆の削り方にあること、下がき線、太い線、細い線がうまく引けないのは鉛筆の筆圧に工夫が足りないのではないかと思った。
　線をうまく引くにはイメージによって引けば効果が上がるのではないかと

思った。イメージをもたせやすいものとして沖縄とうふをとりあげた。沖縄とうふは本土のとうふよりも固くイメージがもたせやすいこと、日常の食卓に豊富にあること、などの理由で沖縄とうふをとりあげた。また、筆圧を同じ強さにしたり、引き始めと引き終わりの線にするためには鉛筆と腕が平行に維持されていなければならない。そのように維持するためにコップに水いっぱい入れてこぼさないようにとイメージをもたせたのである。

1　イメージによる鉛筆の使い方
㋐　下がき線（0.1〜0.2 ミリメートル）
○使用する鉛筆は 2H か 3H を使う。
○鉛筆は右傾 60 度くらいにしてひといきに引く。
○引き戻して二重線にしない。
○引き始めと引き終わりが同じ太さになるように引く。
○鉛筆のしんはくさび形にけずる。
＊すべての線の仕上げる前の下がきとなる線を下がき線といっている。
○筆圧の指導では、沖縄とうふの上に線を引く気持ちで引く。
○鉛筆と腕を平行に支える指導では、コップに水いっぱい入れて腕にのせてそれをこぼさないように引く。

㋑　細線（0.1〜0.2 ミリメートル）細線とは線の太さが 0.2 ミリメートル以下の線で寸法線、寸法補助線、寸法引き出し線、ハッチング、中心線をいう。
○使用する鉛筆は 2H か 3H を使う。
○鉛筆は右傾 60 度くらいにしてひといきに引く。
○引き戻して二重線にしない。
○鉛筆はくさび形にけずる（前図参照）。
○筆圧の指導では、沖縄とうふを真二つにひといきに切る気持ちで引く。
○鉛筆と腕を平行に支える指導では、コップに水をいっぱい入れて腕の

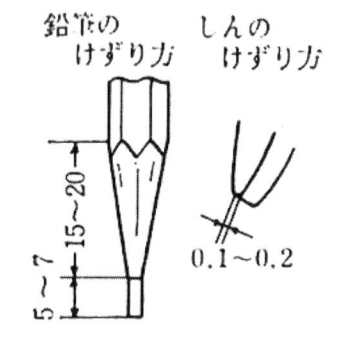

せてそれをこぼさないように引く。

〔寸法矢印〕
○矢印は30度くらいにかく。
○矢印はフリーハンドでかく。
○矢印は三角定規の30度の部分でかかない。
○矢印は2～3ミリメートルくらいにする。
○引き戻して二重にならないようにする。
○寸法線よりも濃くかく。
○矢印は図のようにかく（前図参照）。
○矢印は下の図のようにかいてはいけない。
　Ⓐは矢印のバランスがとれていない。
　Ⓑは矢印がしっかりしまっていない。
　Ⓒは矢印にかざりつけをしてある。
　Ⓓは矢印が30度以上ひらいている。
　Ⓔは補助線とぴったりくっついていない。
　Ⓕは補助線をつき出ている。
○矢印はHBの鉛筆を使い円すい形にけずる。

㋒　全線（0.3～0.8ミリメートル）全線とは0.3～0.8ミリメートルの太い線をいい、もののみえる外形を示す外形線と外形線よりもやや細めにする破断線がある。
○使用する鉛筆はFかHを使う。
○鉛筆は右傾60度くらいにしてひといきに引く。
○引き戻して二重線にしない。
○引き始めと引き終わりまで同じ太さの線に引く。
○鉛筆はくさび形にけずる。
○筆圧の指導では、沖縄とうふを真二つにひ

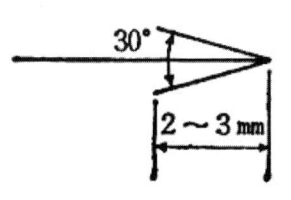

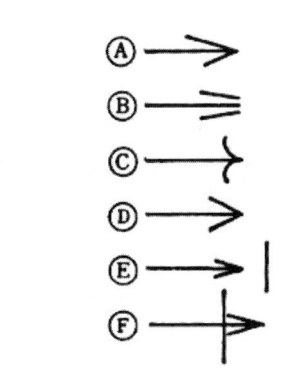

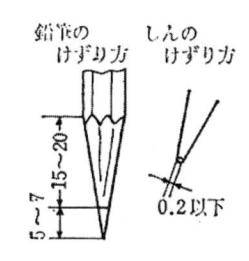

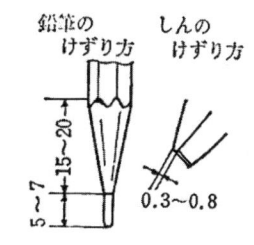

といきに切る気持ちで引く。
○鉛筆と腕を平行に支える指導では、コップに水をいっぱい入れて腕にのせてそれをこぼさないように引く。

(エ) 寸法数字、文字
○使用する鉛筆はHBを使う。
○鉛筆は円すい形にけずる。
○高さをそろえてていねいにかく。
○それぞれの図面に即した高さの文字を選ぶ。
○寸法数字は寸法線の中央にかく。
○寸法数字は右に75度くらい傾けてかく。
○文字は垂直にかく。
○筆圧は沖縄とうふを真二つにひといきに切る気持ちでかく。

技術教育実践検討会で寸法矢印を定規でかくべきか、フリーハンドでかくべきであるか話し合いがもたれた結果、フリーハンドによったほうがよいという結論がでた。
(1) 定規でかくと能率的でない。時間がかかりすぎる。
(2) 定規でかいた矢印はなんとなく冷たく感じる。
(3) 寸法矢印は寸法線と寸法補助線とをぴったりくっつけるとうまくかける。
　線の指導で大切なことは、線の太さには三種類あってそれぞれの用途別に機能を果たすには、(1) 同一図面の中では、同じ用途の線は太さをかえないでかくようにすること、(2) 同一図面で三種類の太さの線が使われるとき、それぞれの太さがはっきり区別できるようにすること、(3) 使われる線がりんかくのはっきりしたものであること、などである。

4　実践から学んだこと、考えたこと

教授学部会に参加して生徒の可能性がいくらでも伸ばせることを信じて今回の実践にうちこんできた。そのために教師としてこれだけは分かってほしい、身につけてほしいという願いも強かった。

イメージによる鉛筆の使い方、線の引き方を指導したとき、生徒が生き生きと興味深く製図に熱中しだしたときには嬉しかった。これまで観念的に軽く引きなさいとか、強く引きなさいとかいってもなかなか教師の思っている通りに線が引けなかった。

　線の引き方には、筆圧の原則と鉛筆を右に60度くらい傾けてひといきに引くという原則がある。この原則を理解して線を引くには身体の持っている原理、原則と結びつけること、イメージによる統制であると考える。下がき線のような非常に細かい線を引くとき沖縄とうふの上に線を引く気持ちとか腕のコップの水をこぼさないようにとイメージによって指導したら実に素晴らしく線が引けるようになってきた。非常に大事なものに対面して慎重に、しかも緊張して技術の習得をするようになった。

第3節　鋸の歴史の授業

1　この研究実践をするに当たって

　この授業の教材研究のために村松貞二郎「大工道具の歴史」、吉川金次「鋸」の著書や建築史関係の参考文献に目を通し教材解釈を深めて授業に臨んだ。社会科の授業でなくあくまでも技術・家庭科の授業ということにこだわったのである。工具の発達史は人類の文化遺産であるという視点に立ち、工具と材料との関係、工具と使用目的との関係で授業を進めたのはよかったと思う。
　初めての授業であるので心地よい緊張感があり楽しい授業をすることができた。東京での会員一日研究会で斎藤喜博先生外、諸先生の指導助言をいただけたことは大変参考になり大きな収穫となった。教授学研究の会で私の実践の検討とご助言をいただけるので、機会あるごとに旅費を工面してできるだけ参加するように努めた。
　この研究実践は第4回教授学研究の会で報告したものである。「『教授学研究』7　斎藤喜博・柴田義松・稲垣忠彦・吉田章宏編　1976年　国土社」所収。夏休みの研究会の出席を兼ねて新潟の三条市や兵庫の三木市の大工道具の生産地を訪ねて学びを深めた。三条市では冬になると家屋の軒下まで雪が積もる、と自然環境の厳しさを話しておられた職人さんの言葉が印象に残っている。南国育ちの私にとって唯々驚くばかりであった。大工道具は近代日本の建築文化を支えてきたものである。厳しい自然環境の中で育まれているので大事に使用しなければならないと強く感じた。生徒にも大工道具の生産の伝統を守り育んでいることをことあるごとに話し、大工道具について認識を深めることに努めた。平鉋や鑿等は研ぎ方を指導し実習時間に手入れさせていた。木材加工1の板材加工の場合、木表・木裏の面削り実習のときは生徒は自分の道具は喜んで整備をしていた。整備に対する手応えを実感すると興味をもってやるものである。生徒が整備に苦心しているのを見かけるとそっと助言をして、道具整備の達成感を味わせて製作意欲を高めることに努めた。

一日の授業が終わると道具整備の希望者を募って放課後は全道具を点検して翌日使用できるように整備していた。和気あいあいと整備しているのを見ると私も楽しくなった。

鋸の歴史の授業

1 この授業が行われるまで

　技術・家庭科の木材加工の領域で、鋸の教材がある。切削のしくみと正しい使い方を指導することに重点がおかれている。

　明治以降の技術教育は、鋸の使い方に重点がおかれていて、切削のしくみの科学的根拠はそれほど問題にされなかった。そのために、やり方主義とか、技能主義とよばれていた。そのような反省から、現在のような工学的側面が強調されてきたのである。

　鋸は、昔から人類が工夫に、工夫を重ねて改善してきた技術の偉大な文化遺産の一つであると私は思う。これの扱いを切削のしくみと使い方に限定してしまうと、技術の文化遺産である工具の本質に迫ることができないのではないかと思う。

　教育は、生徒のもっている可能性を引き伸ばすことだといわれている。斎藤喜博氏は『未来誕生』の中で、「私は、子どもを教育するということは、そういうことだと思っている。ただ、既成の文化遺産を子どもに形式的に教え込むのでなく、それをつかって子どもが頭と体を十分使って、つぎつぎと新しい認識をし、それを拡大深化させていき、そういうことによって、どの子どももがみな、人間としてもっている無限の可能性を自分の上に実現し……」といわれている。

　技術の文化遺産を通して、生徒のもっている可能性を伸ばそうと思い、鋸の歴史から切削のしくみまでの授業をやった。それを昭和51年4月25日東京・正則高校における会員一日研究会で実践報告した。

斎藤喜博先生の指導
(1)授業をもっと細かく分けて実践したほうがよい。鋸の歴史とか機能といったように分けて単純化して豊かにふくらませたほうがよい。
(2)授業の中に驚きがない。知識をよせ集めて羅列するだけでは駄目だ。もっ

と圧縮して驚きを与えるようにする。
(3) 技術教育の考え方が少しずつ明確になってきた。

高橋金三郎先生の指摘
(1) 石に刃をきざみこんで、そのまま握って使っていたというが、木に石をはめこんで使っていた。
(2) すべての工具は、材料に制限されているので、材料の固さとか弾性を取り扱ったらどうか。
(3) 技術文化の素晴らしさを教えるのは賛成だ。昔の人も今の人も同じくらい素晴らしかったことを教えることが大切だ。

細田武良先生の指摘
(1) のこ刃の変化をもっと生徒に考えさせたらどうか。

　以上のように三名の先生方に指摘をいただいて、さっそく、鋸の歴史と機能に分けて実践しようと思った。
　那覇に帰って、鋸の歴史の授業をはやくやりたいという気持ちにかきたてられてきた。しかし、それをどのように教えたらよいか約1か月近く困ってしまった。斎藤喜博氏は『未来誕生』の中で、「子どもは、文化遺産を的確に獲得するすじみちのなかからだけ、自分の認識を拡大深化させ……」といっておられる。私はこの言葉が脳裏から離れなかった。この言葉を何べんも読みかえし、鋸の歴史の授業の考え方がまとまったのは5月も半ば過ぎであった。
　5月22日第1学年1組で授業をやることができた。1年生は、鋸の教材は、初めての取り扱いであった。しばらくしてから、再び、昨年度授業をした第2学年でも授業をしたくなって7月13日にもやった。

2　教材解釈

　鋸の発生は、数千年前にさかのぼることができる。鉄が発見されていなかったから、黒耀石とか瑪瑙のような固い石で鋸を作り、木や石にはめこんで使っ

ていた。それによって木の実や肉、骨、アワやヒエのようなものを切ったりするのに使っていた。

〈図1〉

鉄が発見されてから、古墳時代、5世紀に二等辺三角形をした鋸が河内アリ山古墳から幅1.5cm、長さ11.5cmの大きさのものが発見された。その後、7世紀になって〈図1〉のような刃をした鋸になり、切断しにくいものからアサリがつき、刃の形が〈図2〉のようになったこと、そして、刃を〈図3〉のようにして現在のようなものになってきた。日本の鋸は、横びきとして発展してきた。

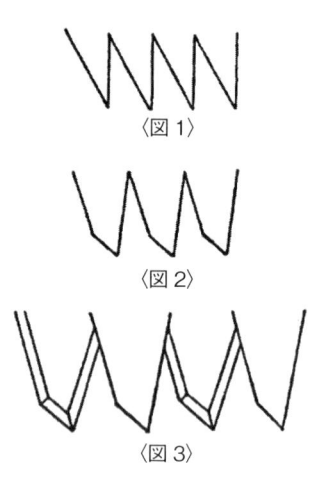

〈図2〉

〈図3〉

縦びきが表れたのが、14世紀室町時代になってからである。それまでは、打割法という原始的な製材法によって板材や角材が製材された。それを釿や鐁（やりかんな）で木材の製品を作っていた。

資源が乏しくなり、良材が手に入らなくなり、これまでの打割法では製材ができなくなったので、大鋸で製材するようになったのである。

横びきは、7世紀に仏教建築の導入で完成し、縦びきは14世紀になって完成した。そして、縦びき、横びき兼用のいばら目ができたのはそれ以降のことである。

私は、鋸の歴史を技術教育でとりあげるとき大事なことは、歴史の事実をそのまま教えこむのではなく、その時代に使っていたのこ刃を再現して、実際に使わせ、どう改善していったかを体験させる中で考えさせ、工具の持つ本質を明らかにすることだと思う。鋸が二等辺三角形の刃をしていたのは、使用上のこと、製作上のこと、材料の制限などからでき上がったのである。その後、のこ刃が加工する物や使用するときの姿勢、仕事の能率から〈図4〉のようになっていったことを考えさせることである。また、そのままでは、材料にくいこんで切断がむつかしいから、刃先をかえたり、刃をといだり、アサリをつけたりしていったことを体験させて具体物によって身につけさせるこ

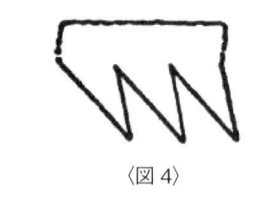

〈図4〉

とである。

　のこ刃が横びき、縦びきの完成が時代的に異なっているのは、建築技術に左右されてきたからである。と同時に、大陸の文化の影響を受けたからである。切るものによって、工具が変化していったこと、それを、より早く能率よく、楽にできるように、常に人間の知恵は改善に改善を重ねていったという事実を教えたい。横びき、縦びきでとどまることなく、それらの兼用として、イバラ目の鋸が生まれてきたという歴史的な必然を身につけさせたいと思う。

3　授業展開の角度

(1) 大昔、人間は、物を切るのに石鋸を考え出した。材質に黒耀石とか瑪瑙のような固いもので、切断するのにふさわしい刃を考え出していた。人間の素晴らしさにふれたい。
(2) 河内アリ山古墳から5世紀の二等辺三角形の刃の形が現在の横びきの刃の形に変化していったことを、実験をさせて、工夫改善していった素晴らしさを分からせたい。
(3) 縦びき鋸が14世紀に発達したこと、打割法では、製材が不可能になってきたために、大鋸が、仏教建築に影響されて生まれたことを説明する。
(4) 縦びき、横びき兼用のいばら目の発明が、木材の繊維の硬軟を一つの刃によって克服したこと、加工技術がのこ刃を生みだしたことにふれたい。
(5) 両刃のこの刃の向き、鋸身の形とハンドソーのちがいを考えさせたい。

4　授業の経過

　1　第1学年での授業（5月22日）大昔、物を切るのに何を使っていたかときり出すと、石おの、石包丁などと答える。しかし、石鋸は、見たこともきいたこともないので、固いものは石鋸で切っていたというとおどろきざわめきがおこった。どんなものだったかと思い思いに出させるようにしたら、石をといで、にぎって使っていたというのが多かった。そこで……。

T　みんなもらいましたか。（プリント・図5をわたす）この図（石鋸、図5）を見て下さい。石鋸というんだ。刃のほうにぎざぎざがあるだろう。大きいのが2cm、小さいのが1cmくらいで、下のCの図を見てごらん。木とか骨にこういうように石鋸をはめこんで使っていたんだ。
　（石鋸を初めて見るものだからざわめきがおこった。自分のイメージとちがっていたからなお一層のことであった。）

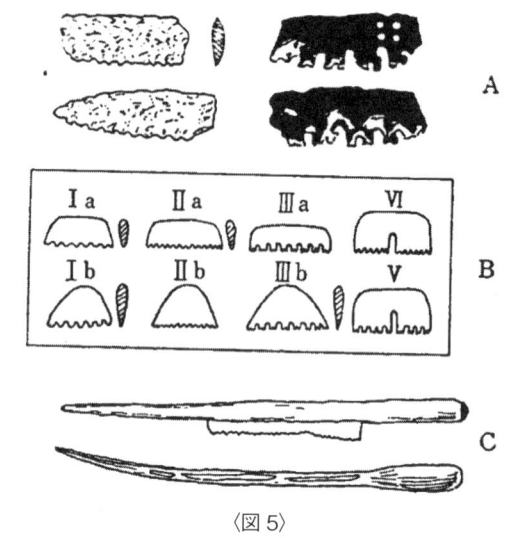

〈図5〉

T　だいたいどんなものを切っていただろうか。
C　木。
T　昔のことだから木も切っていただろう。それから。
C　骨。
T　骨、木の実などを切っていたんだ。たたいて切ると、ものによってはつぶれてしまうだろう。ぶかっこうになるが、石鋸は切っていくとまっすぐに切ることができるんだ。九州のほうで、見つかったもので、3500～3000年前のものです。すごいでしょう。はめこんでおったんだ。刃のほうがこういう形（図6）になっているでしょう。切りやすく、くいこみやすくするようにしてある。

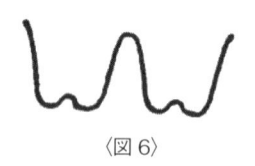

〈図6〉

　くぼみがあるところがありますでしょう。物をおいて切るときに、くいこみやすく、あわとか果実をつみとるときに便利のようにした。よく工夫されていますね。

T　今、ここに包丁があるが、この図（図5）と同じものがある。昔のもの

と今のものとは変わらない。冷凍物を切るもの、固いものを切るものです。（各班を回って見せる）
T　固い石だといっていたでしょう。これは黒耀石とか瑪瑙という石があるんですね。これは、うすっぺらに加工することができるんだ。うすっぺらに加工しても固いから、ものを切ることができたんだ。
（このようにして、石鋸の材質、形、大きさ、用途を教え込んだとき、集中していた。現在の冷凍用の包丁と全く似ていることにびっくりしたのだった。昔の人と今の人と同じくらい素晴らしかったことを教えたかった。
また、金属製の鋸が発見されてから、古墳時代の河内アリ山古墳から発見された二等辺の刃の形をした鋸から現在の横びきのこ刃の変化の過程を実験をしながら考えさせた。）
T　鉄が発見されてから、古墳時代5世紀になって河内アリ山古墳からこういう二等辺三角形（厚紙で模型を作って）の形をしたのこ刃の鋸が発見された。大きさは、幅1.5cm、長さ11.5cm（のこ身のこと）で、このくらいだ。（同じ大きさのものを見せる）どんなして使っていたと思うか。
C　何かにはさんで使っていた。
T　刃を5mm出して、のこ身をはさんで使っていた。自分の手前に引いたり、押したりしていた。自由に動かして使っていた。二等辺三角形の刃は押えつけてやるのに都合がいいですね。製作する場合も便利ですね。
T　ところが柄がついて、どういうように変化したと思うか。
C　ななめに。（小さい声で）
T　だれがいった。小さくて聞きづらかった。君ですか。
C　はい。
T　こういうものですか。（図7）
C　はい。
T　こういうものがひっかかりやすいように変化した。こういう刃（模型を見せて）だったわけです。

〈図7〉　〈図8〉

T　こことこことぴったり（アサリがないということ）。刃の形がななめになっていた。これをこう（図8）引いていた。（柄がつくことによって、

どう変化したか。それを生徒から出していきたかった。小さい声でいっていたので、拡大して、引き出した。
昔の鋸と同じ条件にしたアサリのないものとアサリのあるものを準備して切断実験をさせて考えさせた。アサリの必要なわけを考えさせた）。

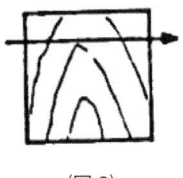

〈図9〉

T なぜ、青のテープがまかれてないのが切りやすかったんですか。
C テープがまかれているのは平ったくして（アサリがないこと）まかれてないのは互いに交互になっている。
T 手でさわってごらん。どうですか。
（子どもは手でさわってどうなっているかを調べている）
T テープがまかれているのはまっすぐになっているんだ。昔はテープがまかれているようなものであった。昔の人は、それでも、なお切れないということで、アサリを作った。切りやすくするためにアサリをつけた。
T アサリをつけたので、よく切れるようになったが、昔の人は、もっと考えたんだ。どのように考えたんですか。
C （しばらくしてから）刃を小さくした。
T そう、刃を小さくしていった。切りにくいから小さくした。更にどうしたというの。
C アサリをつけた。
T アサリをつけたといったでしょう。
C 刃をするどくした。
T そうです。このよう（図10）にしたんだ。両刃鋸の小さい刃をルーペで見てごらん。どうですか。（ルーペを見て確認して）こういう形になっているか。（拡大した模型を見せて）昔の人は、アサリをつけ刃をかえ、刃をといだ。この鋸刃のことを横びきというんだ。

〈図10〉　〈図11〉

T さあ、今度は横びきで切ってごらん。

(子どもたち、実験)

T　席についてごらん。このような刃の形になったのが7世紀です。中国から仏教建築、お寺ですね。お寺を作るには、仕事がしやすいように、鋸の刃を工夫した。横びきの刃が完成したのは7世紀です。
　　こういう刃になってから1300年になるんです。横びきとして発達したんだ。
　　(アサリのない昔の鋸とアサリのある今の鋸と比較実験させたら、アサリの効用がよく分かった。ルーペで見たり、さわったりして、アサリを確かめさせた。横びきで切断させたときにはとても楽しそうであった)

T　(アサリのついた縦びき)大きい刃で図のように切ってごらん。
　　(子ども、楽しげにやっている)

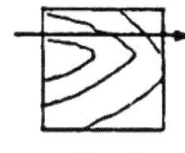

〈図12〉

T　(しばらくしてから)それじゃ、大きい刃は、縦びきといっている。今は、機械で原木から製材しているが、昔はそうではなかった。
　　プリント(大鋸で製材している下の絵)をあけてごらん。上と下に人がいて製材しているでしょう。
　　これが出たのは14世紀です。それまでは大きな原木をのみで切り、そこにくさびをはめこんで、大きな力を加えて原木を割って、釿で削り、さらに、鐁でなおしていた。この刃に(縦びきをさして)よく似ていた。日本の鋸は、横びきとして発達した。縦びきになったのは、日本に杉材、ひのき材のような良材がなくなった14世紀になって、大鋸で、これで製材していた。縦びきは14世紀になってからです。固い材料は打割法では無理であった。製材の必要性が出たのです。

T　それじゃ、こういう板を切るとき(図13)、アは縦びきでしょう。イは横びきでどのような刃を考えた

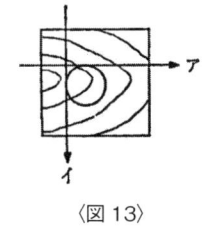

〈図13〉

らいいか。
C　縦びきにも、横びきにも使えるものを考える。
T　縦びきと横びきの中間のものを考えなければいけないね。刃をかいてみます（図14）。これにどうしたと思うか。刃をとぐ。勿論アサリはつく。これ（回しびき、植木用を提示して）は兼用です。これはあとからできたものです。

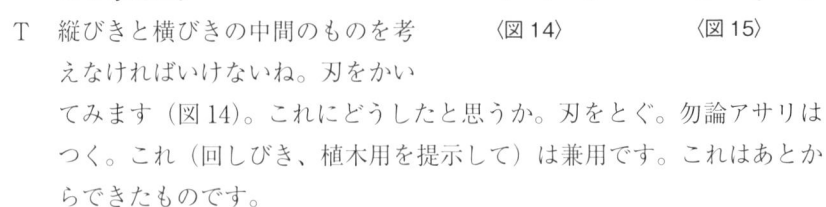

〈図14〉　〈図15〉

T　これは、手仕事によってのこ身は変わってくる。これ（回しびきのこ）はまるく引いていく。回しびき鋸です。アメリカさんの押す刃は分かりますか。

〈図16〉

C　はい。（いっせいに）
T　自分のほうに鋸が向いているの。それとも相手のほうに向いているの。
C　相手に。
T　相手に向いているわけですね。（力がかかるから鋸身はこうなって（図16）いるわけです。しかし、これは（両刃のこ）引っぱっていても都合がよいものになっている）

T　鋸の刃は、このように変化してきたわけだ。鋸の刃は、石鋸から、古墳時代になって二等辺三角形になり、柄ができてからこのように（図17）変化した。この刃だけでは引けないからアサリを考えた。アサリを考えても、なお、引きにくいから刃をこうといだ。（図18）そして、刃をさらにこのよう（図19）にした。そして横びき鋸が完成した。7世紀、仏教建築の影響です。縦びきはいつ完成したかというと、はじめは、縦びきの刃の形をしているが、縦びきとして使っていなかった。杉材やひのき材がなくなったから打割法という製材ではできなくなった。大鋸ができて製材した。プリントを配ってあります。そのようにできた。

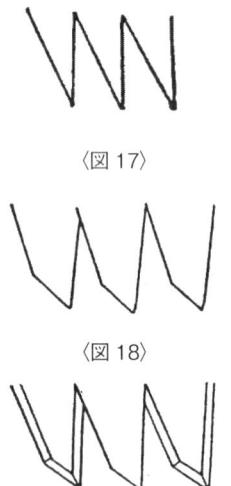

〈図17〉

〈図18〉

〈図19〉

きょうの授業は、鋸の歴史の勉強をしたわけです。石鋸から金属の鋸まで勉強したわけだ。人間は物を作るためにいろいろの工具を工夫して考え出していった。横びき鋸の刃が1300年も変わっていないんです。おどろきじゃありませんか。

2 第2学年での授業（7月13日）

第1学年で授業を終わってから、次のことが反省としてあげられた。
(1) 二等辺三角形の鋸刃の変化が縦びきの刃型の向きのように変わったと固定的にとらえている。多様に変化したことを教えたい。
(2) 第1学年の授業で、アサリがないということを最初に教えてしまったが、実験させる中で考えさせたほうがよいと思った。実験の方法を〈図20〉のように固定しないで、〈図21〉の方法もさせる中で、アサリの必要性を具体的に考えさせるようにしたい。

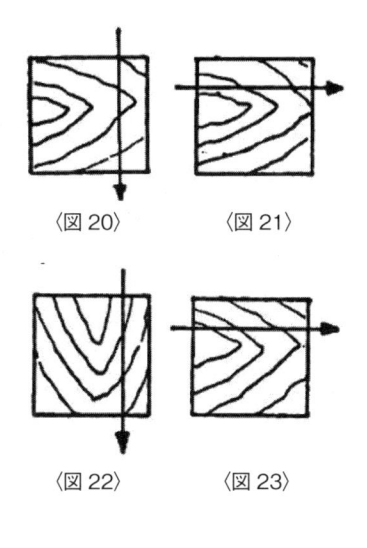

〈図20〉　〈図21〉

〈図22〉　〈図23〉

(3) 縦びきの刃の形がどう変わったかを多様に考えを引き出したい。
(4) 横びきの実験では〈図22〉のように固定的に考えないで、〈図23〉の実験をさせることによって工具が工夫に工夫を重ねて生まれてきたことを教えたい。

5 授業記録

1 石鋸の刃の形、材質

T　石おので物を切ることができたんだけど、柄をつけて、ぽんぽんとあるものをたたいていくとくだけていって切ることができる。石包丁も切ることができる。石鋸は、石にこういうぐあいに刃をつけて、手でつかま

えて切ることを1年で勉強したでしょう。覚えていますか。こういうことだと教えたはずです。しかし、石鋸を調べているうちに、石をうすっぺらにしてね。それに刃をつけていることが分かりました。その石とは何かというと、黒耀石とかね、瑪瑙という石をうすっぺらにして加工して刃をつけたんです。石包丁では切れないものをこういう刃をつけて果物を切っていたり、枝を切ったり場合によっては、肉を切ったりしていたんだ。プリント（図5）の初めのA図を見てごらん。刃は、こういう形（図24）になっているでしょう。こういう刃の形にしても、物を切るとき、こういうところがかかって都合がよいことになっている。C図を見て下さい。骨とか木に穴を掘って、そこのほうに石鋸をはめこんだわけだ。大きいほうは2cm、小さいほうは1cm、3500～3000年前のものが九州から発見された。一つ一つ使うときに穴があいているからなにかにひっかけて、こういうように使っていた。この石鋸は万能だったんですね。今の鋸は、金切り鋸といって鋼鉄を切るもの、木材を切るものがあります。用途に分かれています。その当時万能だった。材料に制約があった。

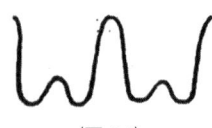

〈図24〉

　身近にある石をみがいてやったのではない。黒耀石とか瑪瑙という固い石を苦労して集めて作っていた。
T　ここに、A図の石鋸に似た包丁があったから買ってきた。冷凍用の包丁です。よく見てごらん。昔の人は、今の冷凍用の包丁とよく似ていることは今の人と同じように頭がよかったわけだ。昔の人のアイディアをとり入れてできているんですね。素晴らしいですね。（各班をまわり、実物と石鋸を比べさせながら）。
C　（教卓に戻ったところで）先生、これ切れますか。
T　これですか。よく切れますよ。切ってみせようか。ほら。（厚紙と木材を切ってみせる）
C　わあ、すごい（全員、異口同音に）
T　いっぱつに切れます。すごいでしょう。

　第1学年のときには、石鋸とは、固い石に刃をきざみこんで使っていたと

説明したが、今回は黒耀石とか瑪瑙をうすっぺらに加工して作り木や骨にはめこんでいたとか、冷凍用の包丁と石鋸を比べさせたりしたために、視線をまばたきもしないでじっと授業に聞きいっていた。教卓に戻ったとき、一人の生徒がとっさに、先生これ切れますかと質問してきた。その場で原紙と木材を切ったとたん、わあ、すごいという驚きの声が異口同音に発した。

2　金属の鋸の刃の変化

T　鉄が発見されて5世紀になって河内アリ山古墳から、このくらいのもの、大きさは11.5cm、はば1.5cm（実物大の模型を見せて）が発見された。刃の形は、こういうもの（拡大模型を見せて）であった。二等辺三角形のものが発見された。どうして使っていただろうか。

C　木なんかはめこんで使っていた。

T　そうです。木や骨などにはめこんでこうして（手でゼスチャーして）片手で引いたり、両手で引いたりして使っていた。古墳時代のものが発見された。刃の大きさが5mm。時代とともに、どういうように変化しただろうか。こういうものは、（拡大模型を見せて）前から引いても押しても都合がいいんだ。仕事がしやすいように柄がついてきた。どのように変化したか。

C　ななめに。

T　どの方向にななめか。

C　柄の方向に。

T　こうですか。（〈図25〉Aを板書して）こうですね。（〈図25〉Bを板書して）つまり、現在の縦びきの刃と同じように変化していった。（縦びきのこ刃の拡大模型をもって動作して）こういうぐあいに引いていった。刃が変化してきた。ここで、A図が縦びきのこ刃と考えられがちであるので、ここではっきりとBの図のように教えこんだ。二等辺三角形の鋸刃の模型を示したので、刃の変化がすぐ分かったように思う。

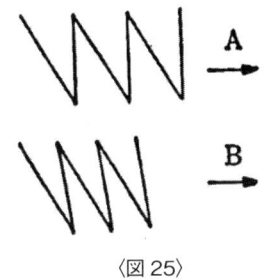

〈図25〉

3 切断実験によって鋸の発達を考える

T 実験1（図26）についてどれが切りやすいですか。

C まかれていないものが切りやすい。

T そうですね。次に、実験2（図27）をやって下さい。半分以上切って下さい。引く重さを考えて下さい。

C 実験（一人は実験者、一人は補助員で材料を固定する）

T （しばらくしてから）どれが切りやすいですか。まかれているものか。まかれてないものか。

C まかれてないもの。

T 初めは同じかも知れないが、だんだんやっているうちに、まかれていないほうが切りやすいです。

T どこに原因があるか。鋸を立て、上からずらしてごらん。（親ゆびと人指しゆびではさんで）次に、末から元を見てごらん。どこに原因があるか。次に、ルーペでま上（鋸をたおして横にして）から見てごらん。（しばらくしてから）分かりましたか。切れるものと切れないものはどちらがちがうか。

C 刃が交互になっている。

T 刃が交互になっているものをアサリといいます。このアサリは、刃の厚さ1.3〜1.8倍です。昔の鋸は、テープがついているようなものだったんです。7世紀頃まではね。切れないものだから、昔の人はアサリをつけたんだ。

T これからどのように変化しただろうか。

C 刃の大きさが変わった。

T 図示してごらん。
（子ども、黒板に〈図28〉を白のチョークでかいてあるものに、積極的に希望して黄色のチョークで図のようにかいてくれた）

T もっと変わってないか。大きさが小さくなったとい

うことです。まっすぐで小さい。刃
　　の形がもっと変化したんだ。どうだ
　　ろうか。
C　このようになった。(〈図29〉を図
　　示して)
　　　　　　　　　　　　　　　　　　〈図29〉
T　かどがあるわけですね。そのほかに
　　ありませんか。
　　　　　　　　　　　　　　　　　　　　　　　　〈図30〉
　　今、おもしろいですね。引きやすいようになっている。
　　そっとないかなあ。
T　大きくかいたらこう(図30)で
　　すね。変化したのは、こういうも
　　のになった。(横びきの拡大模型
　　を見せて・図31)ここは(下刃
　　のところ)ほりおこしやすいよう
　　に上目またはナゲシをつけた。 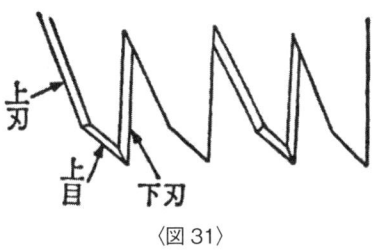
　　　　　　　　　　　　　　　　　　〈図31〉
T　みなさんの横びきをルーペで見て
　　ごらん。(横びきの刃をルーペで見せた。
　　そして横びきで次の実験をさせた)
T　(実験が終わってから)縦びきと横び
　　きはどれが切りやすいですか。(図32) 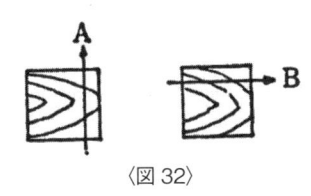
　　　　　　　　　　　　　　　　　　〈図32〉
C　横びき。
T　縦(B)に切ったか。
C　切りやすいがすすまない。
T　切りやすいがすすまないです。
　　(切り口はどっちかというときれいであるが、なかなか前にすすまない。
　　仕事の能率が上がらない)
T　横びきで切ると木口がきれいです。材料を比較してみると木口のほうが
　　外面に出るよりも、こばの面が外面に出るのが多いです。
　　こばは、かんながけがしやすいから少々きたなくても仕事の能率が上が
　　るからかんなで簡単に引ける。木口がきたないとかんなでなおすのに大
　　変です。切りやすいように、木口がきれいになるように横びきのこ刃が

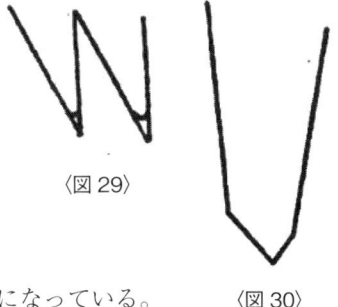

85

考え出された。
　アサリの必要性を、縦、横に切断させて具体的に考えさせた。昨年度は、このように具体的にやってないので、アサリの働きがこんなに素晴らしいんだということが分かってなかった。
　縦びきの刃の形をした初期の鋸の変化、どのように変わったかを生徒とともに考えた。二人の生徒が図示したとき、なるほどと感心してしまった。
　そして、横びきで、縦、横に板材を切断させて、鋸がうまく工夫されていることにおどろいているようであった。

T　時代は、7世紀に鋸が完成した。
　6世紀大陸から仏教が入ってきた。仏教建築が日本にできるようになるとお寺を作ります。お寺を作るようになると工具がすぐれていなければならない。アサリ、ナゲシができたのは7世紀です。仏教建築の影響によって生まれてきた。今から1300年の間横びきの鋸刃がかわってない。昔は、今のような縦びきはなかった。みなさんのもう一つのプリントを見て下さい。沖縄にも、ごく最近までこういう鋸を使っていました。これを大鋸といっています。これは、室町時代にできたんだ。なぜ、横びきが7世紀に完成しているのに、縦びきは14世紀になったかというと、それまでは、縦びき、横びきは専用はなかったわけです。
　縦に製材するには打割法というのがあった。大きい原木をのみで掘ってくさびをはめこんで打げきを加えて割っていた。割ったものを鉇、沖縄の方言でティーングヮーというんだよ。くわのようになっていて、きれいに板を削るんだよ。それでもなおがさがさになっているから鐁で仕上げて、角材や板を作っていた。
　日本には、杉、ひのきなどの良材が沢山あった。材質がやわらかいから打割法でできた。しかし、14世紀になって打割法では製材ができなくなった。資源がとぼしくなって、樫とか、黒檀など、固い木材どうしようかということで大鋸が生まれてきた。それまで大鋸がなかった。製材するためには、堅い材料は打割法ではできなくなった。今は、帯縦で、製材しているでしょう。14世紀に完成。横びきが完成したのは7世紀です。

4　縦びき、横びき兼用の鋸の発生とハンドソー

　縦びき、横びきの歴史を勉強していて、板材に穴をえぐりとるという実験場面が出てくる。そのとき、どういう鋸があればよいかという疑問は、これまでの学習で解決できるはずであると思った。縦びき、横びき兼用の鋸が必要だと分かった。どういう刃をしているのか、縦びきの刃の形から考えさせた。回しびきがそうだというとびっくりするものである。もとより先が細くなっているので、使い方も簡単に説明した。回しながら、左右にきざみをつけながら切ることも説明した。

　回しびきと同じ鋸身の形をしたハンドソーはどう使うか。刃がどこに向いているか。日本の両刃鋸とのちがいも教え込んだ。

6　この授業を終えて

　私にとって、鋸の歴史の授業は、とても楽しいものであった。この授業をどのようにやったらよいか困っていたが、いろいろの参考書を調べたら鋸の刃の変化に興味が湧いてきた。私が求めているのはこれだと思った。のこ刃の変化を授業でやってみたいと思った。のこ刃が変化していくのは、人間が、たえず使いやすく、切れ味のよいものを求める探究心があったからである。それは、とりもなおさず、美しいものを作りたい、よいものを作りたいという人間の欲求が裏うちされていたからであろう。

　第1学年の授業では、なにかしらぎこちなく思っていたが、授業を検討して、その反省の上に立って第2学年で再び授業をやってみようと思った。昨年度も指導したからおそらく興味を示さないだろうと不安であったが、今度の授業にとっても興味を示し、集中したのにはびっくりした。石鋸に似た包丁で、厚紙や木材を切って見せたときのおどろき、黒耀石や瑪瑙で石鋸を作ったこと、それが鉄の発見によって、二等辺三角形をしたのこ刃が、現在の縦びきの刃の形に変わり、アサリをつけることによって一層切りやすいものになったことを実験で具体的につかむことができた。

　この授業を通して、現在の鋸が過去の人類の積み上げによってできたことを分かってくれたものと思う。この授業をもっと深めていきたいと思う。

最後に、この授業をやるのにあたって、同僚の浦崎さんにお世話になったことを報告しておきます。

第4節　鋸引きの授業
　　　——イメージの指導を取り入れて——

　この研究実践は、教授学研究の会「『事実と創造』10月号　1982年」に掲載されたものである。
　教師になった1962年頃の鋸引きの指導は教科書の説明通りに教師が手本を示した後に生徒にのこ引きの実習をさせていたが生徒は十分に鋸を使うことができなかった。
　この実践では鋸引きの必要性を材料の仕上がりと組み立てとの関連で捉えさせた。次にどうしたらうまく切ることができるか、工夫して切断する方法を課題として与えた。二人ペアで実験させた。実験終了後適切な引き込み角度を話し合いで見つけることができたのはよかった。これまでは教師の説明で理解させていたが実験で体得できたのである。最終の課題として直線引きをきちんとするにはどうしたらよいか、と課題を与えた。鋸の正しい使い方をさせるために鋸びきの希望者を出して実験させた。実験者の鋸の持ち方、切断の方法を見て鋸の持ち方、切り初めを理解させることができた。切断はできたものの直線にきちんとできないわけを話し合う。肩が安定していないことが分かったがどうすればよいか、安定する方法をすぐに教え込むのでなくのこ引きの音に着目して鋸引きの音を聞かせた。肩を安定させる方法として肩に荷物を置いて落とさないというイメージでやっていることを説明した。生徒にも再び実験材料を与えてやった。いい音になるようにとイメージをあたえてやったら随分よくなってきた。
　この授業でのこびき実習カードを与えて目標をもってさせたことも生徒を集中させることができたと思う。
　戦後家屋建築がブームの頃建築現場で大工さんの仕事を見る機会が多かった。仕事に邪魔にならない限り気軽に見ることも許された。どうして大工さんは鋸や鉋を使うとき、いい音を出しながら切ったり、削ったりすることができるのだろう、と幼いながらも不思議に思っていた。本職の大工さんだから上手にできるのだと思い込んでいた。今ではこういう光景も見られなく

なってしまった。大工さんは木工所で材料を加工してくるので復興期のような大工仕事が分業化で見られなくなってしまった。
　この実践で本職の大工さんのようなのこ引きに近づけることができたのは嬉しかった。

鋸引きの授業
―――イメージ指導を取り入れて―――

教材の解釈

　中学1年の木材加工で、鋸を使い、板を切断させると、力まかせに使い、鋸刃を破損させたり、板を思うように正確に切断することができない。
　鋸は、鋭利になった刃物が連続して一定間隔でつけられているので、鋸身と板が適当な引き込み角度を保ち、鋸を軽く押さえにぎり、引くほうに力を入れ、軽く引き返す運動をくりかえしリズミカルに行われたとき、初めて手工具として鋸の本質が発揮される。
　生徒は、引き込み角度と関係なしに、刃が手前に向いているから、力さえ入れて引きさえすれば切れるものとばかり思っている。
　また、引き込み角度を正しく選んで引くようになっても、鋸に力が入り、肩がゆがんでしまうので、木口が直角に切断できない場合が多い。
　鋸を正しく使うには、適当な引き込み角度を選ぶことや肩をゆがめずしっかりした姿勢を保つことが大切であると思う。
　この教材では、厚さの違う板を二種類準備して、横びきで切断実験させ、引き込み角度を理解させるとともに、肩に荷物を乗せたイメージをもたせ、鋸の正しい使い方を理解させようと思う。

　授業の目標
　　1、鋸の正しい使い方を理解させる（本時）。
　　2、鋸を正しく使い、作品の部品を正確に切断できる。

　授業の計画
　　1、鋸の使い方……………1時間（本時）
　　2、鋸による切断実習……2時間

　展開の角度

(1) 鋸で、板を正確に切る必要性を理解させる。
(2) 鋸の各部の名称を説明する。
(3) 実験の目的と方法を説明して、二種類の板で切断実験をさせる。
(4) 切断実験を終えてから引き込み角度について考えさせる。
(5) 一人の生徒に切断させて、みんなして鋸の正しい使い方を話し合う。
(6) 学習したことを理解を深めるために、再び切断実験をさせる。

授業の記録

T ええと、ここに鉛筆ですみつけした生徒（他のクラス）の板がありますが、見えにくいから、黒板にかきましょうね。繊維がこう走っていますね。〈図1〉これが、仮に底板（本立）としたら、真中にすみつけするわけだ。この線を何といっていましたか。
P 木取り線。
T この線は。（仕上線を指して）
P 仕上線。
T 仕上線だな。これを（木取線）をこう切っていってかんなで削っていく。（斜線を図示しながら）
T ところが皆さんに鋸を使わしたら、こんなかっこう（ゆがんで切った）になる生徒がいるんですね。先生がこの間隔を2mmと考えた場合に、こうなっている。断面図はね（板をみせて）ここから見た図。切ったものがこうなったらどうなるか。
P 組立てると合わなくなる。
T 合わなくなるね。線がここまではみ出してきているの

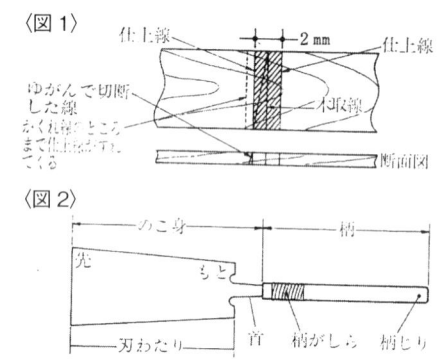

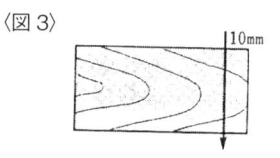

で赤のチョークまでかんなでかけないといけないから寸法が小さくなってくる。部品が。だから、今日は皆さんが鋸をきちっと使えるように勉強します。鋸の正しい使い方を勉強します。
T　鋸を上手に使い板を正確に切断できる生徒手をあげなさい。誰もいないようだな。じゃ鋸を使ったことのある生徒。
P　（多数）挙手。
T　はい、よろしい。
T　皆さんは、鋸の歴史の授業で、人間が立派な鋸を作り出したことを勉強しましたね。ところが結構使えないんですよ。使うけれども、うまく使えない。
T　今日は、鋸の使い方を勉強をしますが、まず初めに、鋸の名称を説明します。〈図2〉
T　まず、課題を与えます。自分で工夫してどうしたらうまく切ることができるか考える。また、ペアと相談して考える。（実験は二人一組として、厚さ15mm、6mm の杉板、幅200mm、長さ400mm の杉板をそれぞれ一枚ずつ配り、実験させた。実験は繊維を横に10mm 引いて切るようにさせた。〈図3〉最終目標として、直線びきがきちんとできること、木口が直角になるように指示した。〈図4〉）
（実験は10分余かかり、終了）
T　一緒にいい方法を考えたグループもあるので、どうすればうまく使えるか。やってみような。誰でもよい。
P　黒板にかいてあるように、引き込み角度鋸と板の角度が小さければ小さいほどよく切れる。〈図5〉
T　小さければ小さいほど切れる。もっとないかな。
P　厚い板のときには引き込み角度を大きくして、うすい板のときには引き込み角度を小さくする。
T　さっきのものと同じ意見でないね。こっちはすべて小さくすればいいという意見。あそこは厚さによってちがうという意見。ほかにありませんか。
P　角度は小さければ小さいほどいいというものでなく15度位がいい。あまり大きくても切りにくいし、小さくても切りにくい。だから15度位

がいい。

T うん。いいなあ。あまり大きくしても切れない。小さくても切れない。厚い材料もうすい材料も同じ。三つの意見がでたわけだね。どれが正しいか、みんなで考えてみような。

T （材料を鋸を〈図6〉のように提示して）こういう形で切りやすいか（A）

P いいえ。

T ひっかかって引きにくいですね。うんと小さくしたらどうなる。（B）

P 引きにくい。

T ところが少し角度を上げたらどうなるか（C）

P 引きやすい。

T どうしてか。

P まさつが小さい。

T A、Bとも、材料と鋸身とのまさつが大きいわけですね。

T うすい材料はどうですか。

P 角度を小さくする。

T 厚い材料よりも角度を小さくしても、まさつが小さいから切りやすいですね。角度が15度というきまりはない。20度になったり、30度になったり、材料の厚さによって決まる。自分で切っていちばん気持ちのいい時が適当な角度です。さきほど2番目にいった生徒の考えがあたっていますね。厚い板は角度を大きくし、うすい板は小さくする。

引き込み角度について考え合い生徒が分かっているようであったので、一人の生徒に切断させて、みんなして鋸の正しい使い方を話し合うため

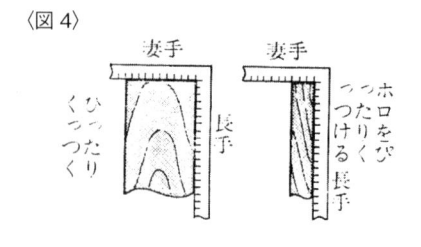

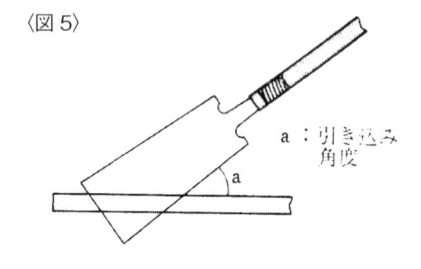

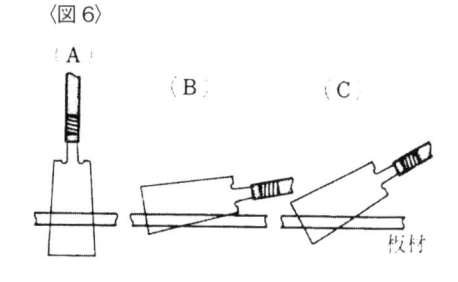

〈図4〉

〈図5〉　a：引き込み角度

〈図6〉　(A) (B) (C)　板材

に次のように授業をすすめた。

T 今、ここで、鋸を引いてもらいたいが立候補はいないか。
P 功（4～5名ですいせん）
T はい。功、切って。ここに上がって（工作台）みんなここ見てよ。
T これから功君がやるが、ここはまちがいじゃないかといってみる。ひやかしたらだめだよ。（引き始め人差指でのこ刃に当て引こうとする）
T はい。そのまま。これでいいか。
P だめ。
T どうしてか。
P 指。
T 指が危ない。このときには、親指のつめのところを使う。つめのところを当て押していく。そして軽く引く。はい、やってごらん。（やり始める）
T ようし続ける。（引き始めうまくできてほめる）
T （鋸の持ち方が悪く苦しそうに引いているので）これでいいか。
P だめ。
T ストップ。
P 交互に持つ。
T この持ち方悪いと思う。（生徒の持っているままに）
P 手。
T どうする。
P 逆にする。
T 左手は柄頭をにぎり、右手は柄尻をにぎるんですね。
　押すときに力を入れるの。（みんなに）
P 引くとき。
T 押すときに力を入れるの。（実験者へ）
T そのままやってごらん。ほら押すときにものすごい力を入れてるでしょう。ものすごく力んでるでしょう。
T きれいな音にしてごらん。
　（再び引き始める）
T おお！　いい音になった。非常によくなった。どうですか。
　（リズミカルな音となる）

95

T　さっきと今はどっちがいいか。
P　今。
T　(生徒は、ずっと引いている)そうそう鋸をたおす。もっと最後まで切れ。のこくずを払いながらやる。
P　(切りすてる)
T　こんな大きい材料ならここがかけてしまいます。拍手して下さい。
P　全員で拍手。
T　(実験者が切断したものをさしがねで検査して)切り口を調べてみると直角でない。ゆがんでいる。直角でないのはどうしてか。
P　ゆがんでいる。
T　どこが。
P　肩。
T　肩が右側にゆがんでいるんですね。鋸と一緒にかたむいているわけだな。肩が傾いているために直角な木口ができないことを明らかにしたので、教師の示範によって切断して見せた。
T　今から、先生が、直角に切る方法を教えます。(工作台にいすを倒さないまま置いて左足をのっかける)。こんな人がいたらどうなるか。
P　よけいゆがむ。
T　よけいゆがむだろう。だからこう置いて。
　　(工作用のいすを倒して)
　　鋸に仕事をさせる。君たちは自分の力で鋸で板を切ろうとしているんだ。これまちがい。いいですか。
T　はい見て下さいよ。音も聞いて。
P　いい音。
T　どんな感じか、音。
P　いい音。
T　いい音で、さーさーと切れるだろう。
　　鋸が生きているという感じがするだろう。
　　もう一度引いて見るぞ。
　　危ないから切り終わりはとりません。
T　(検査しながら)こういう具合にきれいになりますよね。ぴしゃっと切

れています。丸のこ盤で切ったのと全く同じです。
T　花城先生（授業を見ていたので）に点検してもらいましょう。
T　先生は肩に荷物を同じように置いて落とさないというイメージでやっている。花城先生が点検して持ってきたので）正確でしょう。
花　正確。
T　先生に拍手して下さい。
T　こういう具合に荷物をのっかけたイメージでやる。（同じ大きさの板を二枚それぞれ両肩にのっかけて見せる）（学習したことを深めるために、生徒に再び次のように実験をさせた。実験者は同じ生徒にさせるようにした。）
T　今度は、厚い材料を1cm引いて切って下さい。
　　（実験を始める）
　　実験中教師としてやったこと。
　　(1) 鋸の持ち方
　　(2) 鋸の引き始め
　　(3) 材料の固定の仕方
　　(4) 鋸と板との引き込み角度
　　など、具体的な場面に即して個人指導の徹底をはかった。
T　はい、やめ、
　　（実験は10分位で終わり）
　　比べて下さい。前のものと今はどっちが楽だったか。
P　今。
T　鋸は、あまり力入れなくても切れただろう。
T　（前の実験したものと比較して効果を見ようと思って）質問します。
T　前よりも直角になった生徒。
P　三人。
T　直角に近づいている生徒。
T　こう当ててみると2mm以上もあいているのはだめだな〈図7〉。
T　少しはあくが1mm以内の生徒。
P　15名挙手。

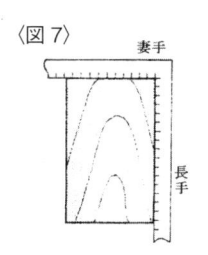

〈図7〉

T　これで終わるが、目的としている授業ができた。次の時間は、今日やったことを基にして正確に切ってもらいます。

実践を終えて

　鋸の正しい使い方を理解させる授業は、

(1) 材料の固定の仕方が分かる。
(2) 鋸の正しい持ち方が分かる。
(3) 適当な引き込み角度があることが分かる。
(4) すみつけ線どおり切断する方法や木口を直角に切断する方法が分かる。
(5) さしがねまたは直角定規で部品の検査ができる。

　等の小さな目標に分析することができる。
　それぞれは全く別々のものでなく一つ一つがつながりをもったものであり、鋸の正しい使い方を理解させるためになくてはならないものである。本時では、何といっても（4）が授業の大きな核であると思う。
　私は、鋸の正しい使い方を理解させるために、教師が示範して説明するよりも、生徒を出してみんなで考え合うことが大切であると思い、実験者を立ててやった。
　この授業では、集中して熱心に実験者に目がそそがれていた。鋸は、引くときに力を入れると分かっていても、なかなかそれができない。
「きれいな音にしてごらん」
と指示したら、実にいい音になった。実験結果、木口を検査したところ右側に肩とともにゆがんで直角でないものだから教師実験でやった。
　私は、直角に切断する方法として、肩を動かさず安定させるために肩に荷物を置いたイメージでやっているといった。そして、生徒に、いい音になるように、肩に荷物を乗せて落とさないイメージで実験するようにといった。
　実験は、2回行われた。1回目は、引き込み角度を考え出すための実験であった。2回目は引き込み角度を考えて鋸をイメージによって切断する方法を理解させるための実験であった。2回目の実験は、生徒は鋸を大切に使い、鋸

引きの音もずい分きれいな音になった。1回目とはうって変わって素晴らしい使い方になり、生徒と鋸の対応があった。

　板幅200mm、厚さ15mmの板を直角に切断するのはなかなか難しいのに、半数以上の生徒がよくなったといっている。

　鋸の技術的能力を身につけさせるために、1時間では十分とはいえない。基本として、どうしてこれだけはやっていなければいけないと思う。

　私は、本時で学習したことを、切断実習で更に発展させるために次のようなことをやった。

(1)　右手を鋸の柄尻をしっかりにぎる。
(2)　左手は鋸の柄頭を軽くにぎる。
(3)　呼吸をして、空気をいっぱい吸いこんでゆっくりはき出しながら引く。
(4)　鋸引きの音がいい音になるように、楽に引きなさい。楽になるように引き込み角度を選びなさい。

　これらを個別に徹底して指導した。生徒はわずか2時間の切断実習で、ずい分上手になってきた。厚さ15mm、幅210mm、長さ1800mmの杉板を2時間ですみつけ線にそって全部切断を終えることができた。

　切断実習に入る前に、教師の願いも含めて実習カード（別表）〈図8〉（次頁）を配り、説明して実習に入った。

　のこ刃を使い分けた生徒は90％以上であった。縦びきにするところを横びきにして使ったというものであった。板面を直線びきできたのが90％で、残り10％の生徒が2mm以上の狂いを出している。これは、仕上線と仕上線の間隔を大きくとってあったので部品の大きさの変更をしないで済んだ。

　木口を直角に切断できたとするのが100％であった。その内、全部品（6枚以上）正確にできたのが60％、全部品までいかないが40％の生徒ができたといっている。

　生徒の実習後の感想には次のようなものがあった。

　鋸びきは、初めはむずかしかったが、だんだんうまくなってきたので嬉しい。

　鋸で板を切るのがおもしろい。

背中に本をのせてやるつもりで切ったらよく切れた。

早く切るよりも、ゆっくり切るほうが早く切れた。

のこぎりは初め、力を入れて切っていたけど力をゆるめるとあまりひっかからないでよく切れるようになった。

のこぎりを使ってみて肩が疲れる。

このようにして、生徒が鋸を使うことができるようになったのは、鋸びきの原則を身につけたからである。と同時に、実習カードによって実習で何を目標として学習するかをはっきりと分かったからであると思う。

〈図8〉

のこびき実習カード

No.	項　目	1mm以内のくるい	2mm以上のくるい	(3)(4)(5)○△×	備考(×だけについてかく)
(1)	のこ刃の使いわけかた			○	
(2)	直線びきができたか	○			
(3)	直角に木口を切ることができたか	○			
(4)	リズミカルに使えたか			○	
(5)	予定時間内に切ったか（2時間）			○	
(6)	のこびきで身につけたいと思ったことが身についたか				
のこびき実習の感想					

第5節　守礼門の製作

　第2学年の木材加工の教材に角材を利用した椅子の製作がある。初期のころは背もたれの腰掛けであった。脚部の角材の4本の加工は手押しかんな盤を生徒に使用させていたが危険を伴うものであった。実習中の危険をそれ程伴わないような簡単な腰掛けに変わってきた。携帯用の組立式の腰掛け、テントカバー張った携帯用の折りタタミ腰掛けに教科書教材は変化してきたように記憶している。全国のどこの地域でも実践しやすい教材になったのではないかと思われた。

　教科書を教えるのでなく教科書で教えるということが教育界の一般的な考え方であった。教科書教材は学習指導要領の指導内容が盛り込まれ指導の手順を踏まえられているので実践しやすいように教科書は構成されている。

　私は守礼門の製作指導を通して、第2学年の木材加工の指導に成功した。その要因をあげると、

1、総持寺祖院の建造物に触れた感動を大事にした。感動を形にしたいと思った。
2、守礼門については琉球建築に造形深い専門家の助言を仰ぎ、地域の技術文化の素晴らしさを再認識し製作指導したいという気持ちを強くした。
3、守礼門の製作を第2学年の木材加工の教材として取り上げるに当たって次のことを検討した。

　①守礼門の製作指導を通して第2学年の木材加工の指導内容を指導することができるか。
　②技術的能力として製作可能か、技術的能力を伸ばせるか。
　③材料は求めることができるか。
　④生徒の実習費の範囲内で実習指導ができるか。
　⑤製作指導は腰掛け指導の時間内でできるか。
　⑥技術教室の工具室を整備した生徒の技術的能力を更に伸ばす事ができる

か。以上の事を検討した結果、守礼門の製作指導をとりあげることにした。
4、教材にどういう利点があるか、腰掛けにない利点とは何か
　ア、角材を丸材に加工する方法が理解できる。
　イ、さしがね、直角定規に加え墨さしを使って柱のすみつけの方法が理解できる。
　ウ、丸材に角のみ機を使ってほぞ穴をあける方法が理解できる。
　エ、工具室を整備したという生徒の自信を育むことができる。
　オ、地域の文化に触れさせることができる。
　カ、工具・用具の使用法を発展させることができる。
　キ、クラスの一人ひとりが協力し合い学習課題を解決する喜びを味わせることができる。
　守礼門の製作指導を通して生徒のもっている可能性を信じ共に製作上の課題を解決していくことの大切さを学ぶことができた。

守礼門の製作

1　この実践がとりあげられるまで

　昨年の教授学研究の会夏の公開研究大会終了後、能登半島に斎藤喜博先生と一泊研修会にご一緒させていただいた。いくつかの寺を参観した中で、総持寺祖院の建築物に触れたときに日本建築の素晴らしさにいたく感動した。屋根を支えている梁、桁、斗栱がいかにも調和がとれていて日本建築の極致をいくのではないかと思った。特に、屋根の軒先の反り方は実に素晴らしくなんともいえぬ美しさであった。私は、こういう美しい建物を作ってみたいとしばらくたたずんでしまったほどである。帰沖してからもその感動は消えることなくますます作りたいという気持ちが強くなるばかりであった。そのような気持ちで２学期から始まる木材加工の実習課題を考えていると首里の守礼門のことがふと頭に浮んだ。小踊りしながら守礼門を見に行った。今までなんとなく見ていた守礼門がこんなに美しい建築物に見えたのは初めての経験であった。大学４年間はいつも守礼門のそばを通って大学に行っていたが私には目にもとまらなかった。只、昔の人が作った建物であるということだけであった。守礼門を見ると、総持寺祖院の山門と共通する部分が沢山あるではないか。小踊りした。私が作りたいと思っていることが守礼門にあった。ようしこれにしようと決めたのは８月中旬も過ぎてからであった。琉球建築家、又吉真三氏宅を訪ねて守礼門の製作の相談をした。守礼門の模型なら、木材加工の学習をさせながら結構郷土の建築文化を理解させる上で非常にいい教材だから取り上げてやったらどうかと激励された。いよいよ製作したいという気持ちが現実的なものになった。この実践は、９月から３月まで７ケ月間にわたって第２学年木材加工の授業でやったものである。

2 守礼門の製作

1 教師の解釈

　第2学年の木材加工領域の角材加工の実習題材として腰掛の製作がある。腰掛を製作するには、腰掛の機能、構造、材料、加工法の学習をしてから実際に使用する腰掛を設計しそれを製作させるという学習段階を踏まえて行われる。腰掛の製作を通して技術的な面から工夫改善し生活を明るく豊かにすることが木材加工学習のねらいであった。現実的に角材加工でどんなものでもよいといわれていながら教科書に示された題材に限定されてしまって創造性の乏しいものになっていたのではないかと私は思う。腰掛の製作を通して身につける技術的な能力といえば、考案設計、角材のすみつけ、ほぞ、ほぞ穴の作り方、接合組立、塗装の仕方を工具、用具、木工機械を使用して創意工夫して作ることのできる技術的能力である。木材加工の学習では腰掛の製作を通していかにうまく作るかという技術的側面が強調されて人類が築き上げてきた技術文化とのかかわり、技術を生み出した地域文化とのかかわりが

首里城入口の守礼門

ほとんど扱われなかったのではないかと思う。

　木材加工の学習は単に現代の加工技術のみに着目させるのではなく、先人が残した素晴らしい技術文化に着目させることによって生徒の豊かな可能性を伸ばすことが重要ではないかと思う。現代技術の原点は、過去の技術文化に見いだすことができるし、現在では見失われている技術の素晴らしさが残っているものである。

　沖縄の首里城の守礼門は1529年尚清王の時代に創建されたものである。室町時代の建築様式と中国の建築様式の影響を受けて沖縄の文化と気象条件にあうようにできた沖縄独自の建築物である。守礼門の製作を通して技術的能力を身につけさせると同時に先祖が残した建築文化の素晴らしさに触れさせ生徒の可能性を伸ばしたいと思う。

3　実践の経過

1　生徒との出会い

　守礼門の教材を取り上げるまで守礼門については全く分からなかった。夏休みには、又吉真三氏から守礼門の復元図面をいただき実物と照合したり、県立博物館、東恩納文庫にいったりして守礼門の歴史、首里城の歴史などを調べることに専念した。1学期間留守にしていたので、生徒との出会いは2学期からであった。1学期の終了式の日に歓迎会をしてくれたので2学期からは授業はいくらか気持ちが楽であった。2学期からは木材加工をやることになっていたので当然腰掛の製作をやるものとばかり思っていた。沖縄の文化を学びながら角材加工の学習する方法はないだろうかと最初の時間に切り出した。生徒は実習題材についてすぐには答えることができなかった。しばらくしてから守礼門の製作はどうだろう。私のほうから切り出した。そのとき、一瞬静かになった。実物大なら7000万円もかかるから実習費の範囲内で小さく作れないだろうかともちかけた。不安に思う生徒、手ばなしで喜ぶ生徒さまざまであった。私も初めてだし自信があるわけではない。みんなが力を合わせやれば必ずできるんだといった。どうだろう。やりたいかと聞いたら大体の生徒が作りたいという気持ちに変わってきた。私も作りたいという意欲に生徒の不安も解消し意欲も湧いてきた。1時間の授業は、教科書を

ぱらぱら開いて学習内容についておおまかに触れた。守礼門の製作では、工具や用具も種類も多く教科書の内容より多く豊かに学べる。郷土の文化、技術文化も学べるし楽しい授業になりそうだ。みんな頑張って力を合わせてやろうじゃないかといって授業は終わった。

2　史料により守礼門の歴史、首里城の歴史を調べる

　首里城の歴史、守礼門の歴史を調べてくるようにと課題を言いつけた。調べるのが一日しかなかったので十分調べることができなかった。司書にお願いして図書館に備えつけてあった歴史史料を教室に持ちこんで調べることにした。各班ごとに史料を配り各自が思い思いに次のことを調べることができればよいと思った。

(1) 首里城の歴史、位置、広さについて
　（ア）首里城はいつできたか。
　（イ）首里城はどこにあり、広さはいくらあるか。
　（ウ）首里城はだれが築城したか。
　（エ）城内にはどんな建築物があるか。
　（オ）石垣積はどのようになっているか。
　（カ）城内門はいくつあるか。
(2) 守礼門の歴史について
　（ア）いつできたか。
　（イ）だれが作ったか。
　（ウ）何のために作ったか。
　（エ）特色は何であるか。
　（オ）どこの影響を受けたか。

　生徒が調べながら特におどろいたことは、首里城が一万九千坪もあったこと、石垣積みが合理的な亀甲みだれ積みになっていてその上にしっくいで塗り固められていたこと、守礼門が第2国門で中山門を模して作られたこと、中国や日本建築の影響を受けて沖縄独自のものにしたことなどであった。生徒は史料によって一層興味が湧いてきた。

3　首里城と守礼門の歴史の授業

　首里城と守礼門の歴史の授業は第3回目に行った。史料で調べたことをもっと具体的な鮮明なイメージを作るために、まず、首里城の絵地図を配った。初めに、守礼門はどれかと切り出した。中山門とよく似ているものだから、見分けがつけられなかった。首里城の位置、広さ、守礼門の位置が具体的に手にとるように分かった。歓会門、瑞泉門、漏刻門、白銀門、首里城正殿、北殿、南殿などを各班にまわりながら説明した。又現在復元場所、龍譚池、観音堂の位置も説明した。この絵地図は、初めてであっただけに生徒の驚きは大きかった。琉球松が戦前まであったが今次大戦で灰じんに帰してしまったこと、観音堂が航海の無事安全を祈る場所が今の場所にあるわけが、舟が浮いているものを見て分かったこと、琉球大学の本館が正殿の跡に建てられていることなどは生徒にも私にも驚きであった。絵地図の説明を終えてから首里城の歴史では次のことをやった。授業のメモをあげると、

(1) 沖縄の古代社会
(2) 按司の時代（11世紀）
　　(ア) 鉄の導入と建築技術の発展
　　(イ) 沖縄の城の種類と城壁の石積
　　(ウ) 首里城の石積
(3) 三山分立時代（14世紀）
　　中山（浦添）南山（大里）北山（今帰仁）
(4) 三山の統一時代
　　1416年　北山の統一（中山による）
　　1429年　南山の統一（中山による）
　　尚巴志の父尚思紹を中山王にする
　　察度王（1350〜1395）―首里城築城
　　尚巴志―首都を浦添から首里に移す
(5) 尚真王（1477〜1526）
　　(ア) 中央集権政治
　　(イ) 各離島の支配

首里城の絵地図

（ウ）南方貿易による富の蓄積
　（エ）首里城の拡張と美化
　（オ）階級制度の樹立
　（カ）女神官（ノロ）の組織

　守礼門の歴史を理解させるためには、首里城の歴史を中心としてとりあげることが大切であると思った。守礼門は首里城の第2国門であるから切り離してとりあつかうことはできない。

　沖縄の古代社会では、鉄がなく石器や木器が生産手段の中心をなしていた。狩猟や漁撈が中心で農業を基本におく経済生活ではなかった。農業を主体におく按司時代（9～13世紀）には、鉄の輸入ととも生産は著しく増大した。村落共同体内部に階級の分化が起こった。按司は開墾の指導、生産物の管理分配、農耕祭祀の主宰、交易の管理、他集団との戦闘の指導を行う権力者であった。沖縄本島中部一帯の按司を支配した浦添の大按司察度は牧湊という良港があり、外国と貿易して富を蓄積するようになった。日本から鉄を買入れて農民に与えた。これまで石器が主であった農具が鉄器に変わり生産が著しく増大するにいたった。浦添は、南山や北山より貿易によって豊かになった。琉球が明の太祖から察冊を受けて琉球国中山王の称号が初めて与えられたのは1372年であった。察度のときであった。琉球国の国名が正式によばれたのはこのときであった。ひき続いて北山も南山も中国と貿易して富を増大するようになった。

　1406年佐敷（南部）の小按司尚巴志は浦添に兵をすすめて察度の息子武寧王（1396～1405）をせめ滅ぼし父尚思紹（1406～1421）を中山王にした。父のあとをついだ尚巴志王（1422～1439）は首都を浦添から首里に移した。首里城は察度王が築城したといわれているが本格的に整備したのは尚巴志の頃だったとされている。首里は、地理的にも、城をかまえる場所として那覇の港に近いことや、南山の大里や豊見城城を見わたしやすい高台を選んだのであった。尚巴志王は、1416年北山を滅ぼし、その後10年後に強敵であった南山を滅ぼし1429年琉球国統一国家を樹立した。尚巴志王は、南山統一の前年1428年中国建築様式と日本の建築様式を取り入れて中山門を創建した。

現在のような広大な首里城にしたのは尚真王（1477～1526）のときであった。尚真王は、各地方の按司を首里に集めたり、先島各島を支配したり、階級制度をひいたり、女神官（ノロ）を組織したりして中央集権政治をしいて権力をほしいままにした王様であった。首里城の拡張ができたのも南方貿易や大島各島、先島から財力の蓄積によるものである。

　城の石垣積には、野面積（自然石をそのまま積む）布積（長方形に五面加工して積む）、亀甲みだれ積（石のありのままの形を利用して切石として各石が互にからみ合うように積む）の三つの方法があるが、首里城は、最も合理的な亀甲みだれ積を主体として布積で積まれている。広さは、一万八千八百一坪あり、東西に400メートル、南北に270メートルあり、城内には、正殿、北殿、南殿などがある。城内門として、瑞泉門、歓会門、漏刻門、白銀門など四つの門で固められている。

　守礼門は、父尚真王のあとをついだ尚清王が1529年中山門を模して作ったものである。守礼門は首里門、待賢門と呼ばれていた。首里の扁額がかかげられていた。尚永王（1573～1588）の時代に、琉球は音楽や武芸を重んじ礼儀正しいので守礼之邦と冊封使に託したことから「首里」の扁額に変わって「守礼之邦」の扁額を掲げるようになった。冊封使来琉のときだけだったが尚質王（1648～1668）の時代から常掲されるようになった。中山門が第1国門であるのに比べて守礼門は第2国門と呼ばれている。守礼門の特色として、

(1) 中国と日本の建築様式の影響を受けて沖縄独自のものになっている。初層が中間で中断せず一つの屋根になっている。
(2) 柱の脚部はすべて木の枠組と石の挟石とをもって二重固めしている。
(3) 肘木よりなる天竺様の斗栱を組んで屋根を支えている。
(4) 左右対称になって力づよいものになっている。

　中山門を模して作ったものであるから守礼門には独創がない。尚清王は父尚真王の財力にものをいわせて作ったのであって、尚巴志王こそ独創的なものを作るために苦心したのであった。尚巴志王は工匠に模型を作らしてあらゆる角度から検討して作ったものと考えられる。中山門に手が入れられない

ほど完璧に近いものであった。

4　守礼門の図面の単純化

　守礼門の図面を見ると複雑でなかなか分かりにくい。どうしたら分かりやすいものにするか。構造を手にとるように分からせることが授業をすすめていく上で大切なことである。守礼門を製作する以上構造のことをぬきにしてすすめることができない。私自身初めに考えたことは、縦断面と横断面を実線によって構造を単純化することであった。2つの図面を実線によって単純化する作業をさせた。2時間連続の授業でやった。1時間目の終る頃にはほとんどの生徒がかき終えていた。前に出てかくようにと指示したらわれもわれもと前に出てくるのであった。ふだん生徒指導で手をやいていたY君、H君にさせたらみごとにかき表したのにはびっくりした。数十トンの屋根の荷重を肘木と斗によって支えられている状態が一見して分かるものになった。斗の働き、美しさを分からせるために、斗の部分をチョークで塗りつぶして見せた。美しさ、強さはどうだろうと聞いた。美しさがそこなわれるのではないか、同時に、台風時に風当たり面積が増え、かえって構造全体が弱

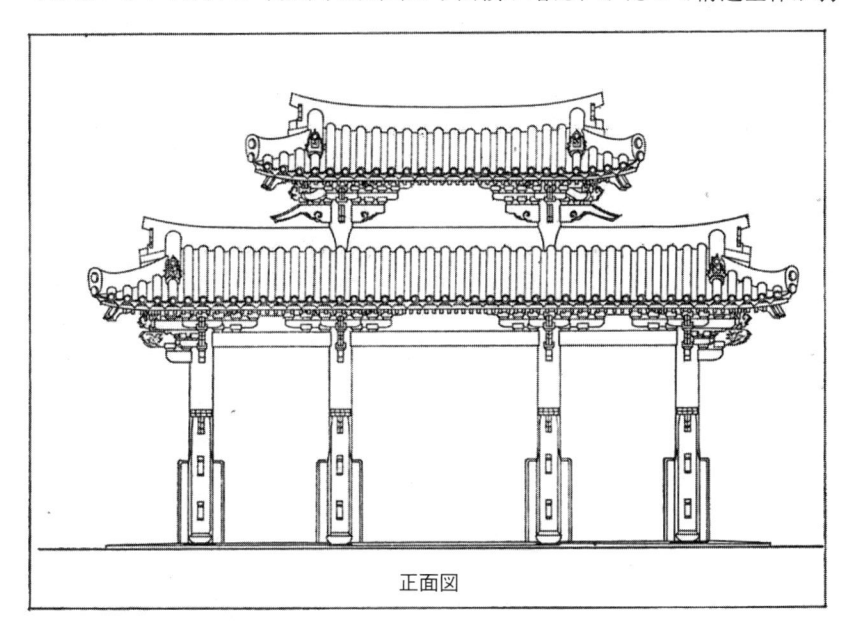

正面図

くなるのではないかと答えていた。美的な美しさを出すために、斗が使われているばかりでなく、構造をじょうぶにするために使われていることに驚いていた。又、チョークで荷重の方向を示したら本柱2本と側柱2本とに分散し合理的な構造体になっているとの説明に聞き入っていた。横断面の脚部を図示して上からの荷重、水平方向の荷重などに対しても強固な構造体になっていることにもふれた。沖縄建築の独自のものとして、添柱が地中に埋められていること、狭柱が本柱や側柱を二重固めしていること、初層、上層の屋根がそれぞれ独立した屋根になっていることである。守礼門の大部分が室町時代の影響を受けたものである。斗、挿肘木、木鼻、礎盤、控柱上部の曲線部が主なものである。中国にも守礼門に似た門があって三間牌桜があるが、初層部が中断しているが沖縄の守礼門は中断せずに独立した屋根をなしている。これは中国建築の直接の影響を受けてできたものである。

　沖縄の守礼門が日本や中国建築様式をうまく吸収して、沖縄の文化、自然条件を加味してできたものである。私の説明に集中して聞き入っていた。他国のものをそっくり真似ないでやったこと、作りあげたことは素晴らしいものである。

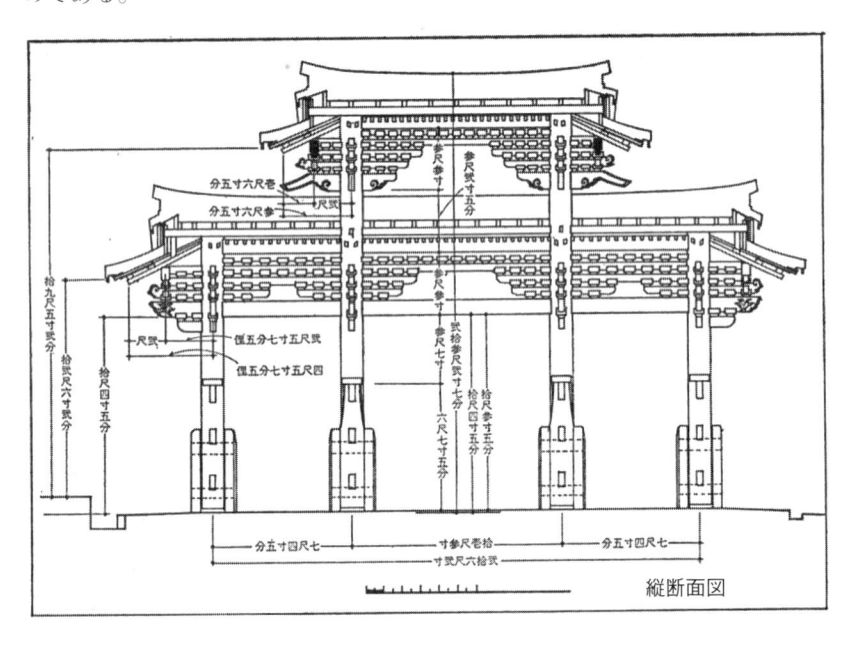

縦断面図

守礼門の構造を単純化することによって守礼門の構造がよく分かるようになり、授業が生き生きしたものになった。製作意欲も一層盛り上がり、守礼門をぜひ見たいという生徒の気持ちが強くなってきた。

5　守礼門の見学

　守礼門は首里当蔵町にあり、城北中学校から南へ3キロメートルの距離にある。城北中学校は首里中学校から分離した新設校である。授業をやる前に見学に連れて行くつもりであった。木曜日の午後の時間を予定していたが、3回とも雨が降ってしまい生徒をいらだたせてしまった。他の平日は無理だったので土曜日の午後に行くことにした。守礼門を見ての生徒の印象をあげると、

(1) 図面で見るより分かりやすいが、むつかしそうだ。
(2) 斗がうまくできていて美しい。斗はどのようにして取り付けたのだろう。
(3) 控柱のほぞ穴にくさびを取り付けて接合しているのはアイデアがいい。
(4) 控柱がハ字型になって構造全体をじょうぶにしてある。

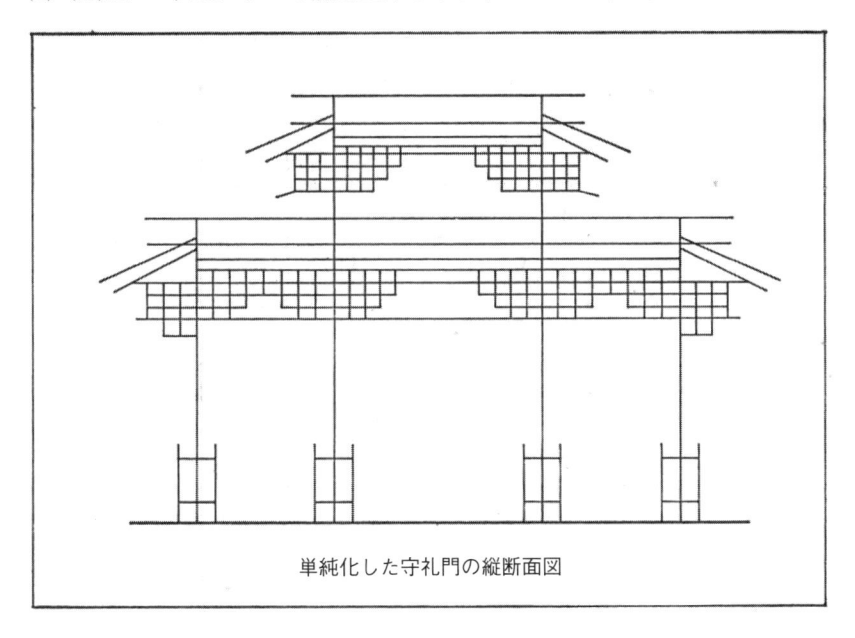

単純化した守礼門の縦断面図

(5) 添柱が石でできて深く埋められじょうぶにできているのは素晴らしい。
(6) 約450年前にこんな素晴らしい門を作った先祖は偉いと思う。

　守礼門を遠く離れて見たり、近くから見たり実際に手で触れさせたりして見せた。本当に作れるのかと疑問に思う生徒もいた。守礼門がこんなに素晴らしいものとは今まで思ってもいなかった。観光のために作ったと思っている生徒もいた。守礼門の構造を単純化したあとの授業であったので、生徒は一層よく分かった。私はそのときも守礼門の素晴らしさ、迫力のある守礼門に接して、いよいよ製作したいと気持ちを強くしたのだった。

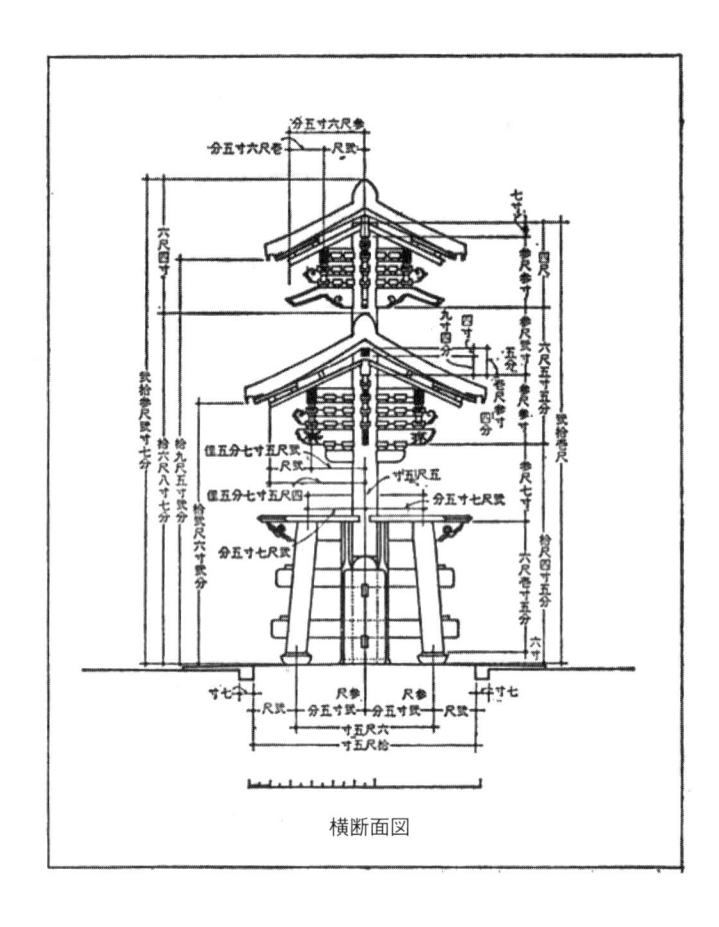

横断面図

6　製図実習

　製作するには構造全体の細部構造が分かっていなければならない。従来の製図技術である線のかき方、寸法線、補助線、寸法数字を習得させることに重点をおかず、細部構造を理解させる目的でA列0番の方眼紙を使って製図をさせた。図面が尺貫法でかかれているので、メートル法で10分の1又は15分の1の尺度になおしてやった。メートル法に換算することに予想した以上に時間がかかってしまった。換算の仕方もていねいに指導した。6時間で仕上げた班もあった。構造について理解も深まったので、完成してないものについては製作させながらやることにして製図の時間は打ち切った。

　しかし、実際に作る部品については寸法が分からなければならない。どのくらいの大きさにするか、3分の1、4分の1、5分の1、6分の1、7分の1尺度を算出した。特に中央の本柱の高さを具体的に算出して4分の1尺度にした。製作費、加工時間なども考慮に入れて決めた。4分の1尺度で製作分担を次のように決めた。

　本柱……1班
　側柱……2班
　脚部……3班〜5班
　斗………6班

どの班も予定した3時間で詳細図をかいて寸法も決めることができた。直接製作にかかわる問題であるだけに真剣にしかも早めにやってのけたのにはびっくりした。製作の意欲がここまで盛り上がったためである。

4　守礼門の製作実習

1　本柱と側柱の製作

　本柱と側柱は屋根や構造体を支える重要な働きをする。守礼門では樫赤味材が使われている。構造物を支えるのに耐えられる材質を選んである。授業では経費の都合もあって南檜を使うことにした。材料店に行って乾燥材を選んで加工することにした。本柱と側柱は脚部のところは角柱であるがそれ以

外はすべて丸柱である。正確に加工するにはどうしたらよいか。初めに直面した課題であった。従来、腰掛の製作で脚のほぞ穴づくりではたがねで4本の脚をはさんですみつけをしていた。しっかりそろえてやっても穴の位置が狂ってしまうことがあった。柱の場合だとほぞ穴の数も多いし、はたがねではさんでは無理ではないかと思った。4本の柱が貫や頭貫、挿肘木を通したときぴったりとしなければならない。柱が柱と

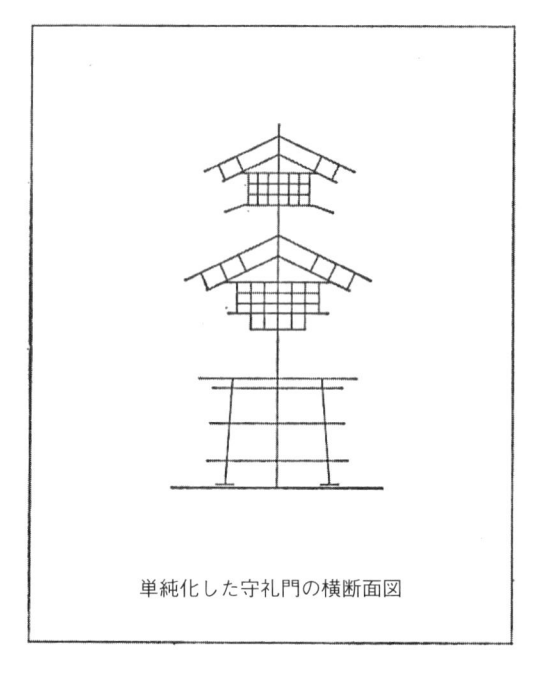

単純化した守礼門の横断面図

して働きをきちんと果たすには、実に柱のほぞ穴加工にかかっているのである。私が考えたのはほぞ穴の位置を印した物差しによってすみつけする方法であった。柱の16面の穴あけをする。縦断面で8面、横断面で8面ずつ穴あけするには物差しによる方法が最も確実な方法だと思った。15ミリメートルの角材で生徒に作らせることにした。縦断面図と横断面図によって物差しづくりの作業が始まった。4分の1の尺度で、ほぞ穴一つ一つを丹念に測定して物差しを作った。縦断面図の物差し一つを作れば横断面図は、すぐできるのであるが生徒は横断面図も同じようにやったのであった。そこで計算の上でまちがったりしてなかなか作業が進まなかった。縦断面図の物差しができて横断面図と一致しないところは再び構造全体の関係からとらえさせ、どこに一致しない原因があるかを発見させることにした。一つの班に4名いるので4名とも計算させると縦断面図の一致する生徒がいるのではないか。計算上の初歩的なまちがいであることが分かった。2種類の物差しを1本にまとめさせた。物差しを作り上げるまで6時間かかった。柱の製作ではまず自動かんな盤で削ることから始めた。自動かんな盤でテーブルの上下による

削り厚さはどのくらいあるかを実験によって調べた。柱を1回自動かんな盤でかけると1ミリメートルあることを確かめてから柱を削った。直角定規で検査して正確に仕上げた。柱を正確に加工しないと丸柱にするときが難しいので特に気を配った。曲った材料の中心を求めて、すみつけする方法はちがうが、4面が同じでしかも正確であったので、脚部の角柱の長さをすみつけしてから柱の断面を次のようにすみつけした。柱は両断面とも同じようにした。丸柱にするところである。

初めに直角定規で中心を求めた。その中心を基にして直角定規で柱の面の中心を求めた（2）。正八角にするために円をかき外接する円をかいてすみつけの位置を決めた。長さの方向のすみつけは墨壺を使うことにした。墨糸は細いものを使った。正確にすみつけするためであった。すみつけは柱の両端

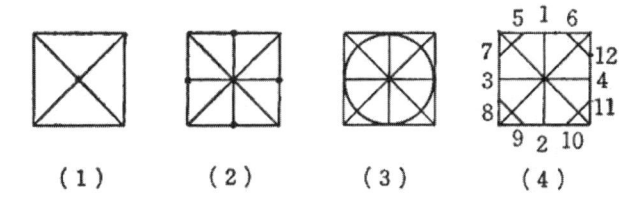

 (1)　　　(2)　　　(3)　　　(4)

から墨糸をぴんと張って真上から墨打ちをさせた。少しでも背がゆがむと正確にできないので、特に墨糸の持ち方に注意を払った。すみが1回で打てるように墨の加減も十分注意した。12本のすみつけが終わってから柱を正八角形にする作業に入った。初めの頃は平鉋の刃を少し長めに出して削らし、進行するに従って刃の調整をさせながら進めた。正一八角形にするにはすみが打ちにくかったので手の感覚を大事にさせながらやることにした。平鉋で削るとき仕事が楽しくなると仕事が荒っぽくなるものだから、もっとやさしく削りなさいとか、呼吸を整えてやりなさいと指示しながらやった。それでもなおできない生徒には深呼吸をさせゆっくり息をはき出しながら削りなさいとかいって削らせたらみごとにうまくできた。丸柱の仕上げのときには手で柱をさわらせてその感覚を大切にさせた。丸柱にしてから柱の面の中心面に製作してあった物差しで一つ一つていねいにすみつけをした。それほど難しいものではなかった。すみつけが終わってから貫や差肘木のほぞ穴のすみつけである。柱の中心線を基準にして両方12.5ミリメートルずつとってす

みうちをした。これで一応柱のほぞ穴の加工に入ることができた。

　穴あけは角のみ盤を使ってやった。角のみ盤の使い方を説明してからいよいよ穴あけである。ア、イを垂直に穴をあけるには、ア、イを直角定規できちんと合わせて固定することにした。1回でいっきに穴をあけると反対側の（イ）の部分がきたなくなるのでウ、エの水平線よりも下側まであけるようにさせた。本柱の1本目はスムーズにいった。2本目の裏面側からの穴あけのときに、金城君がずれたといった。これほどしっかり固定しているのにどうしてだろうと思っていると、柱がねじってしまったのだと発見してくれた。さっそくクランプを準備してしっかり固定したらもとのように垂直にあけることができた。大事にいたらずに済んだ。こうして柱の加工が済んでみると、表面と裏面のすみつけ線が1ミリメートルも狂わずに正確に加工したのにはびっくりした。この仕事はみごとであった。墨壺の素晴らしさ、便利さにただおどろくばかりであった。柱の穴あけが終わったとき、守礼門が目に浮かんで製作がいよいよ楽しいものになった。

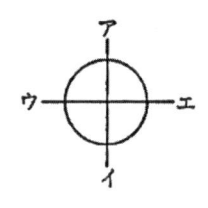

2　脚部の製作

　本柱、側柱の製作と同時に脚部の製作も行った。組立図によって製作分担をした。控柱8本、添柱8本、笠木8枚、上貫4枚、中貫4枚、下貫4枚、挟柱8本を3班〜6班までに分担した。部品表に従って材料置場から各班が思い思いにとって加工に入った。自動かんな盤の使い方は本柱や側柱の製作した生徒と同じようにやった。特に気をつけたことはそれぞれの部品を切断してから加工したのでなく、長さの方向に切断しないままに自動かんな盤で削ってからそれぞれの部品を加工することにした。貫の部分は早めにできたが、控柱のところがほかの部品よりも時間が多くかかった。角材から丸柱にするところは本柱や側柱と同様なやり方ですみうちをすませスムーズにいった。しかし、柱がハ字型になっているので、地上と水平にほぞ穴をあけるにはどうしたらよいか。控柱の貫穴の位置が柱側の内の部分と外の部分とではちがってくる。物差しを作る必要があった。これは柱と同様に難しいことであった。初めにかいた脚部の組立図では小さくて到底物差しが作れなかった

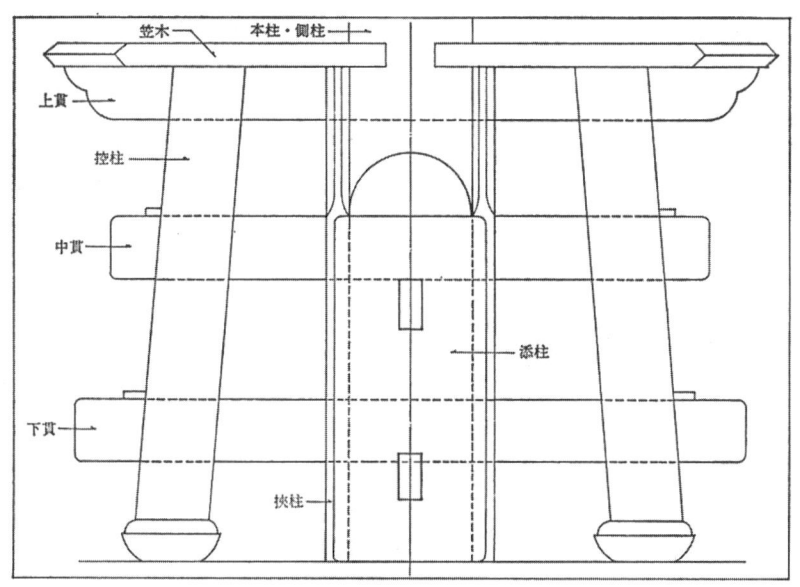

脚部の組立図

生徒の製作した守礼門の脚部

119

ので4分の1の現寸図をかくことにした。方眼紙に現寸図をかいて、それに基づいて控柱の物差しを作った。内側と外側の物差しを1本の15ミリメートル角材で作った。角材から丸柱にしたものにすみつけはしたものの上部と下部の部分を斜めに切断するにはどうしたらよいか。又、斜めにすみつけするにはどうしたらよいか。角柱ならば直角定規ですぐできるものである。生徒にどうしたらよいかと考えさせた。おもむろにセルロイドの下敷を出して丸柱にまきつけてすみつけをしているではないか。それにはびっくりした。よく気がついたと思った。弾力性のある素晴らしい定規ができ上がった。貫穴の部分はすべてこの定規によって柱をまきつけてすみつけをした。控柱の両端の切断も無事終わった。材料を固定し鋸びきの際、背を安定させていねいに切断させた。控柱の貫穴は斜めにあけなければならないのでどうしたらよいか困った。角のみ盤では垂直にしかあけられないので工夫が必要であった。これまで斜めの穴をあけた経験はないのでどうしてやったらよいのか。従来の教材にはそのようなものはなかった。考え出したことは枕をして、すみつけ線とのみを垂直にすることで解決した。直角定規をあてて垂直にしてクランプで固定した。断面の部分も本柱と同じように直角定規で当てることにした。穴は1回ではあけられないので、裏面の穴あけのときには枕を反対においてやった。難しい穴あけをみごとにやってくれた。添柱は、現寸図によって表、裏にすみつけして簡単にできた。挾柱から上部の角柱の部分は美しさを出すために手のみによって面取りをした。特に逆目を出さぬようにのみに使い方にも気を配った。挾柱も現寸図によってすみつけしたがこれもうまくいった。加工が終わってから中貫と下貫の中央の部分を挾柱がしっかり固定できるように図のように加工した。これによって貫が左右に動かないようにしていることが実感として分かった。脚部の製作がすべて終わったとき、生徒にもこれほどの仕事ができるとは夢のようであった。

3 斗、挿肘木の製作

貫や笠木が終わった生徒には、斗や挿肘木の製作をさせることにした。斗を4面とも曲面にするにはどうしたらよいか。私にとって次にきた課題であった。しかも300個余も作ることになると容易なことではない。工具店を

かけずり回って曲面用の木工ドリルを見つけた。それならばうまくいくのではないかと思い、喜んで次の授業でやってみると、これまた金工用のボール盤では回転数が少なく期待したものではなかった。早めにしようという気持ちをすてて手作り以外にはないと思った。斗は同じ型のものを多数作らなければならないから、型板をプラスチックで作った。実際の守礼門と同じ手法によった。杉材に図のように20個単位にすみつけをさせた。すみつけは型板と直角定規を使ってやった。表面だけでなく裏面にも同じようにすみつけをして正確にできるようにした。

　アの部分を角のみ盤で落とし、そのあとを丸のみや丸やすりを使って1個1個丹念に加工させた。アの部分を丸くする仕事はうまくいったが、ウの部分を長さに加工する曲線部は専ら丸のみによらなければならなかった。この仕事は曲線に丸くするのが一番大切なことであるので、丸のみの力加減に注意させてやった。斗の1個1個の間隔の（イ）の部分は鋸のアサリの大きさにして加工した。斗の含みの深さを図面の通りにやったら合わなかったので現寸によって加工した。0.5ミリメートルでも合わないと斗の働きをしないので十分気をつけてやった。

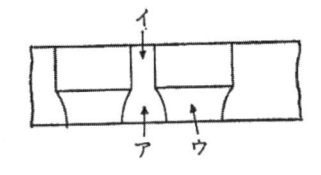

　挿肘木は柱の中に入る部分と外に出る部分は加工しないで専ら厚さ、幅、長さに切断させた。特に外部に出す部分はあとでみんなで考えて曲線部を作るためであった。大きさだけを分担して加工した。丸のこ盤を使って長さの方向に製材して加工した。長さの切断は各自にまかせた。挿肘木の製作はそれほどむつかしいものではなかった。

4　脚部の組立とその後の部品製作

　脚部の部品が完成していよいよ組立である。柱の脚部ができ上がったときにはなんともいえない嬉しさがこみあげてきた。柱のほぞ穴や貫穴ができあがっても柱と隅木の接合部分をどのようにしたらよいか分からなかった。隅木をどう作ったらよいか分からなかった。それでもとにかく仮組立をして生徒とともに喜び合いたかった。同時に守礼門のイメージをもっと広げ細部に目を向けさせたかった。一つ一つの部品を取り付けていくことのさわやかさ

初層の斗栱

はなんともいえないものである。脚部も仮組立をして初層の挿肘木を1本1本ていねいにさしこんでからのことである。柱の中に入る挿肘木が直角であれば上からの荷重に耐えられないのではないか。つまり柱の中できちんと接合されていなければならないのではないかというのである。私は生徒にそういわれてはっと気づいた。図面にも表示されていないし、どうやって解決したらいいか困ってしまった。生徒と一緒に解決しようと思い次の時間を待った。貫になっている部分と肘木になっている部分については前にやっていたので、専ら接合の仕方に集中した。一方を貫にしたとき直角方向にはいる挿肘木を固定するにはどうしたらよいか。1時間は専らこれだけに終始した。固定する方法として2つの案が生徒の中から図（次頁）のようなものが出た。

　どちらがよいか生徒にもすぐは答えられずにその時間は終わった。午後さっそく2つの案を木材で製作させた。次の時間に検討した結果、B案は、挿肘木を深くつっこむことができるが上からの荷重には弱くなるのではないか。つまり、挿肘木のほぞの部分が荷重に耐えられないのではないかというのである。又A案については貫の厚さの半分をつっこんでも挿肘木のほぞの部分が大きいから荷重に耐えられるし、じょうぶであるということであっ

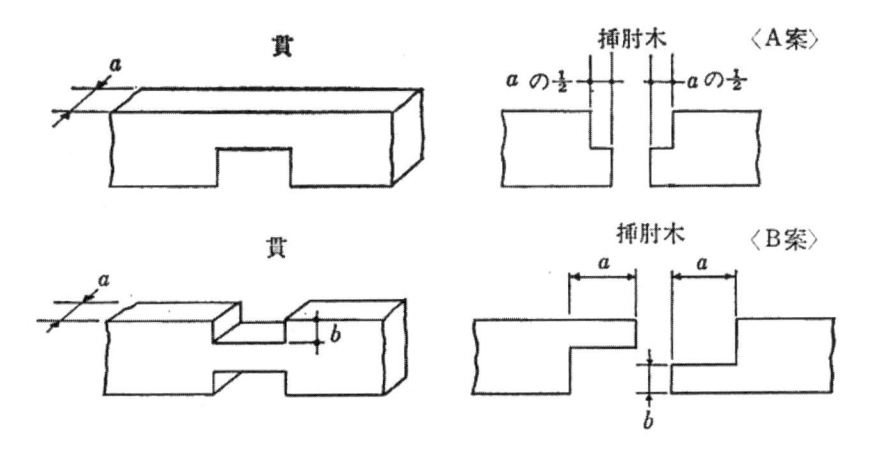

た。実物の守礼門の貫や肘木のことも考慮にいれてみたら私もA案に賛成した。

　しかし、挿肘木はそのままでは解決したのではない。外側に出る部分（右図）をどうするか。aの部分の曲線部をどうとればよいか。円弧を大きくしたときの感じと小さくしたときの感じを比べさせ、挿肘木の位置と大きさによって決めさせた。図面の通りにしないで守礼門の製作の大きさに即して選ばせた。20年前に復元した現在の守礼門の肘木の曲線部は戦前のものよりはしなやかでなく少し固さを感じる。斗栱の美しさは、斗、挿肘木とその先端がそれぞれに独立していて、互いに語りかけ合って調和がとれているところにリズムがあり美しさがある。製作にあたってもそれぞれの場所に即して、いくつかを生徒にかかせてその中から選び決めた。それを型板にとってすみつけをして糸のこ盤で加工した。木工やすりや電気サンダーで仕上げさせた。

　ここまでやってもまだ本組立はできなかった。屋根の隅木とそれを取り付ける柱の加工がまだやってなかった。初層4本、上層4本の隅木は生徒には無理であった。図面から隅木を方眼紙に製図しそれを切りとって厚紙に型をとって加工は生徒にさせた。柱との接合部は何も指示しなかった。どのような接合にしたらじょうぶなしくみになるかを考えさせた。どうしたらしっかり固定できるかを考えさせた。本柱と側柱を1班と2班の生徒に与えて柱の

断面に思い思いに図をスケッチさせた。私はどれが最もよい方法であるかと話し合いをせずに加工させることにした。しかし、柱を加工する前に柱に接合する隅木にも柱のスケッチに即してスケッチさせた。

　それぞれ柱に隅木が接合されるのでまずそれでよいと思った。しかし、いざ製作の段階になって全グループがCのような加工をするのではないか。A案の玉城、高里の両君に聞いたら、先のほうをといでも先のほうが欠けてしまうのでC案にしたという。B案の生徒は安定感が悪いという。C案の生徒はひっかかる面積が少なくなるという。Dのほうが加工もしやすいしじょう

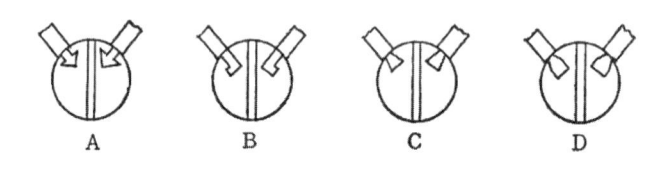

　　　A　　　B　　　C　　　D

ぶであるというのである。話し合いをして決めたものでもなく加工の段階でC案の通りにしたのみにおどろいた。実物の守礼門と同じことを考えたのは昔も今も技術の解決の仕方があまり変わらないものだと思った。隅肘木と尾棰の穴もあけた。左右の穴もあいているので、中心から45度にあけるものだから特に気をつかった。もうこれで柱の穴あけ加工はすべて終わった。もうこれでいよいよ本組立にできるんだ、生徒の喜びは大きかった。

　本組立は仮組立と同じように脚部から組立に入った。貫や挿肘木を1本1本ていねいに取り付けた。斗の含みの深さは、挿肘木又は貫の間隔をはかってからすみつけをして1個1個をていねいに加工した。接着剤、ダボ、釘などを使ってしっかり固定した。仕事も進んで軒桁の加工も済んでから困ったことがおこった。軒桁を支える実肘木の斗栱をどう取り付けたらよいか分からなかったことである。実物や図面を見ても分からなかった。ここほど私を苦しめたところはなかった。2日間は全くこれのみに集中した。私がやったのはまず正面図を見て部品を加工し、斗も同じように細工して試行錯誤しながら図面の通りに探し求めることであった。これは机上でやってその場所に持って行って探し求めることにした。加工して取り付け場所に持って行ってぴったりするまで何度となくくり返した。取り付け場所に仮取り付けしたらぴったりするのができた。もうこれ以外に方法はないと思い満足であった。

初層斗栱

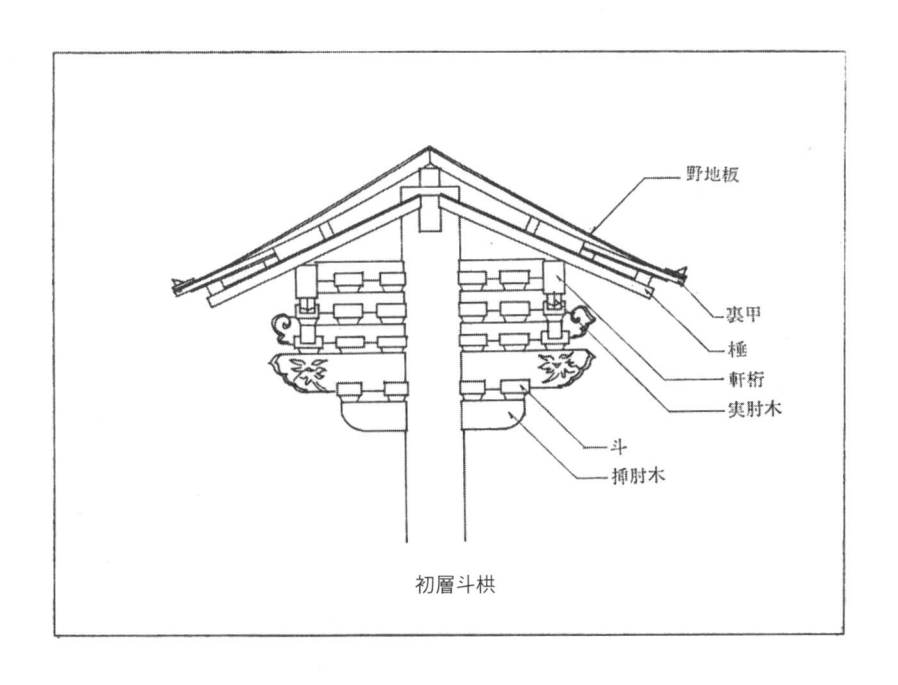

野地板
裏甲
極
軒桁
実肘木
斗
挿肘木

側面から見た初層の斗栱

図面と照合して見るとぴったりするのではないか。図面だけでは分からないものが製作することによって図面がよく分かるという貴重な体験をした。これまで図面だけ見ると形がすぐ思い浮かべることができたが、今回はそれができなかった。守礼門のむつかしさをここでも体験し、解決したときの喜びはなんともいえなかった。初層10ケ所、上層6ケ所の実肘木の斗栱も組立た。軒桁もきちんと接合し隅木もきちんと取り付けた。広小舞、裏化粧板をのせる棰の取り付けは、頭貫と軒桁をぴったりくっつけ木口の部分は胴付

のこで1本1本ていねいに加工してやった。棰の間隔は物差しを作って等間隔にした。棰取り付けは仕事の進みぐあいが手にとるように分かるものだから生徒の喜びようはなんともいえなかった。寝ころんで下からながめたりしていた。下のほうから見たほうがきれいだねという生徒もいた。

5　礎盤とクサビの製作

　控柱の礎盤製作は本組立と同時に進められた。ぜひ私たちに礎盤を作らして欲しいと申し出てきた。これは思いもよらないことであった。製作が進行するにつれて意欲が高まってきたからである。粘土で8個の礎盤を一つ一つ作り、それを製作したわく板の中に入れて石膏を流しこんで作った。3日後に固まった石膏のわく板から粘土をていねいにとり出し、その中をきれいにしてからセメントを流し込んだ。又3日後にわく板をはずし、平たがねで石膏を除いて礎盤を作った。仕上げは金工用のやすりできれいにみがいて仕上げた。これは私自身もやったことがなかったので生徒から学ぶだけであった。セメントを流すときに釘を入れて礎盤を固定する方法まで考え出してくれた。くさびは仮どめしてあったので、礎盤取り付けと同時にとり払って新たに本物のくさびを作ることにした。製作するにあたって次のことをやった。控柱と貫の部分を示してしっかり固定するには仮組立の一つのくさびでいいのかと聞いた。

　一つのくさびであれば2点でしめつけられて反対側、つまり中の部分が固定しないという。貫穴のくさびの部分は変えられないのでもっと長いくさびを作った。やはり奥の部分がとどかない。しっかりしめつけられない。そこで考え出したのが2つのくさびによる固定の方法であった。図のようにしたら全面的に控柱と貫が固定できるというのである。くさびの長さは控柱の直

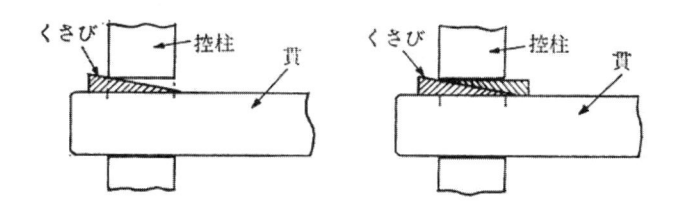

径よりも2センチメートル長くして作った。くさびの固定では柱側を先に入れて外側から木づちで打ち込んだ。くさびというのはたいてい1個だと思っていたことが使用箇所によって2個使うことが必要であることが分かった。

6 広小舞、裏化粧板、裏甲、野地板、瓦、木鼻の製作

　守礼門の屋根の一番美しいところはなんといっても隅先の反り上がりである。山門で感動を受けたことを生徒に教えたかった。守礼門の正面図をTPで作ってスクリーンで提示した。正面図では実物のように生徒に訴える力はなかったが、隅下棟の曲線を指摘した生徒もいたし、初層や上層の大棟を指摘する生徒もいた。しかし、初層や上層の隅下棟との関連でとりあげるまでにはいたらなかった。隅下棟を美しくしているのは屋根の隅の反り上がりであることに目を向けさせた。もし、反り上がってないと隅下棟や屋根全体の形はどうなるか。全体の形からそこに目を向けさせるようにした。屋根の心を分かってもらいたいと思った。矢田洋著『建築馬鹿』に学び、野だけの笠が天と地をわきへだてさせ人間の営みの場を位置づけているのだ。野だての笠こそ日本建築の屋根の原形であるともいった。人間がどのように営むか、どういう目的にするかによって建物の構造がちがい屋根もそれに対応して変わってくるものである。そこで屋根の種類には、切妻造、寄棟造、方形造、入母屋造の説明をした。沖縄の民家にはどんな屋根が多いかと身近なところに目を向けさせた。屋根の主要な名称、切妻、切破風、入母屋、入母屋破風、大棟、隅下棟などの説明もした。守礼門が入母屋造であることは分かっていたが、重層入母屋造と細い名称までは分かっていなかったので説明を加えた。勾配の基本的な考え方や地域によってもちがいがあることを説明した。勾配の算出の仕方を説明し、守礼門の勾配も図面によって算出した。広小舞の隅の反り上がりの曲線のかき方をTPで作成して説明をした。課題を与えて作

斜めから見上げた守礼門

図をさせたりした。守礼門の初層の反り上がり曲線が、反り上がりの3.5倍の円弧を描き任意にとってあることが分かった。これを図にかき型紙にはりつけて反り上がりを作ることにした。

　実際にやるときには少し修正をして広小舞の反り上がりを作った。反り台がんなを使ってやった。前面（正面）にも隅の部分はつき出しているので加工が難しく何度か失敗してしまった。これを取り付けてからは守礼門製作の難問を突破して喜びがこみあげてきた。一番美しいところを製作することの難しさをしみじみ味わった。あとは裏化粧板、裏甲、野地板瓦を取り付けるばかりである。裏化粧板は4分の1の尺度ではごくわずかにしかならなかったのでベニヤ板の2.5ミリメートルのものを使った。裏甲は杉板を使ったが材料の性質を利用してうまく取り付けた。隅の反り上がりのところはいくらかむつかしかったが最初のときよりはそれほどでもなかった。

　屋根瓦は焼くことができなかったのでラワン材を使って半円に作った。敷き平がわらと丸がわらの組み合わせ方、固定の仕方も説明した。そして、沖縄の屋根瓦ぶきの歴史もやった。木鼻や瓦頭は最後に取り付けた。木鼻は何名かの生徒が描いたものの中から斗栱と調和がとれるものを選んで決めた。

5 実践を終えて

　この実践は私1人の力だけでは生まれたのではない。久茂地小に転任になった上原教頭先生のお許しの基に、技術科の同僚の御協力と温い支援の基に進められた。職場の同僚の激励がこの実践を支えてきたと思う。この7ケ月間、技術科教師18年間のうちで1番充実した期間であった。力を出しきって守礼門の製作指導に当たってきた。もともと私は建築の専門家でもなく建築については全く素人である。一つ一つやりとげることに新鮮な体験をし喜びもかみしめた。一つ解決すると喜び、又、難問にぶっつかりその解決にもがいたりの連続であった。自分で分かっていることですら生徒のものにするにも大変であるのに自分でどう生徒にしむけていったらいいか分からないことが多かった。分からないときにはいつも生徒に相談してやった。かえって生徒のほうが私よりもひらめきがあってそのつど感激したりして生徒のもつ力の大きさにおどろいたりした。生徒は実に手が器用になってきた。実践が終わる頃にはどんな生徒も器用になりほとんど差がなくなった。腰掛の製作

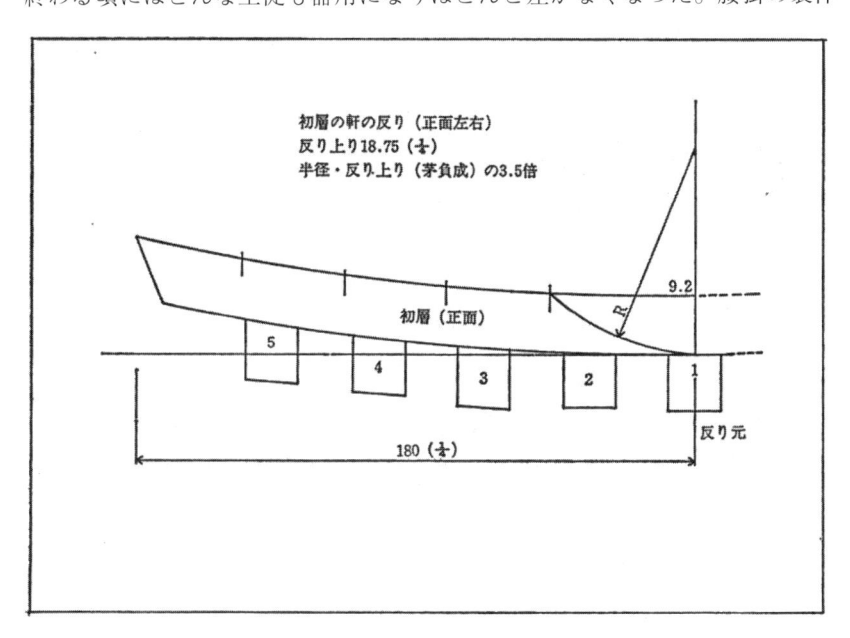

ではここまで力をひきあげるまでにはいかなかった。守礼門の製作では単に技術的な能力だけでなく物に対する見方、考え方が養われてきた。一つ一つの部品がきちんとしていてその部品と部品が互いに呼びかけ合い働き合っているときに調和がとれリズムが生まれ、構造物全体の美しさが出てくるということをこの実践を通して多くのことを学んだ。中山門を初めて作った工匠、大工はいかに沖縄独自にするために苦労したことだろう。そういう方々の苦労が手にとるように分かったこともこの実践を通してであった。守礼門が必ずしも合理的な構造体であるといえない点があった。これは今後専門家の意見を聞かないと解決できないが、製作を通して学んだことによって生まれた疑問である。守礼門は素晴らしい、美しいのは昔の人が作ったからだといわれてきた。工匠や大工の心を心の目で見るときに守礼門の素晴らしさが分かるものである。

　生徒は守礼門の製作を完成させるために放課後もよくやってきた。放課後の生徒の時間まで勝手に使ってはいけないと思った。生徒の自由意志によって友だち同志ペアになってやってきた。卒業生も守礼門を見にきたりした。プール工事の大工さんも守礼門の製作に興味を示し毎時間窓ごしに見ていた。プールを作るよりも難しい仕事をやって、中学2年生がよくできますねと激励をしたりしていた。学級の生徒のすすめで新装の体育館での初めての

完成した守礼門

卒業式にステージに展示して皆さんに紹介した。「野原君素晴らしいものを作ったね」と玉那覇校長先生に背をたたかれて激励されたときには本当に嬉しかった。

　学級の24名の男生徒は本当によくやってくれた。生徒も一生懸命に頑張った。生徒でもこのくらいのことができるんだなあと思いこれまでの実践の仕方を十分反省せざるを得なくなった。生徒はなんでもできる力をもっているものだと思った。

　守礼門の製作で技術的にまだ未解決な問題が残されている。今後の実践によって解決したいと思っている。

　守礼門の製作指導にあたってご指導下さった琉球大の岸本幸安先生や琉球建築研究家又吉真三氏には大変お世話になったことをご報告します。

第 6 節　菊の歴史

　この実践記録は、民衆社刊「技術教室」昭和 57 年 3 月号～昭和 58 年 3 月号に「菊づくりを通しての栽培の授業」として連載した中で生徒に菊作りに興味関心をもってもらいたいために一番最初に扱った教材である。12 回連載ざせていただき自らの実践を振り返ることができ、有り難いことであった。昭和 56 年 2 月那覇地区技術教育研究会で栽培の全授業記録「栽培の授業――菊づくり――」を冊子（197 ページ）にして発表した。12 回に分けての連載であったので限られた紙面で全授業記録は掲載できなかった。毎回冊子に従って重要な記録は掲載することに努めた。第 2 回以降の連載の教材名を上げると次の通りである。

　　第 1 回………初めに、菊の歴史
　　第 2 回………菊の特性
　　第 3 回………菊の特性（2）
　　第 4 回………土のしくみ
　　第 5 回………培養土の作り方　培養土づくり実習
　　第 6 回………腐葉土の作り方と実習
　　第 7 回………沖縄の土壌と民話
　　第 8 回………菊の苗の作り方とさし芽実習　農薬の取り扱いと散布実習
　　第 9 回………肥料
　　第 10 回………菊の養分吸収
　　第 11 回………鉢上げと栽培計画
　　第 12 回………菊の摘心・摘芽・摘蕾　菊栽培の反省と鑑賞

「菊の歴史」の授業は菊のカレンダーを見せたり、分厚い菊の参考文献を見せたりしてリラックスして楽しい授業であった。栽培の最初の授業は成功であった。生徒も生き生きして楽しそうであった。

菊が技術・家庭科の栽培の教材となって以来、那覇のどこの学校でも菊の一鉢運動が行われるようになった。中学校の卒業式・入学式には菊で卒業生を送り、新入生を迎えるという華々しい雰囲気を醸し出していた。中学校1年生のときから3年生まで3回も菊づくりをしていた。生徒は菊栽培の経験があるので授業は進めやすく理解も早かった。

　一鉢運動の菊は卒業式や入学式の開花期日にあわせて苗を鉢上げすればその後は水やり追肥、摘心、摘芽、摘蕾、病害虫の駆除などの手入れの仕方を生徒会整美委員会で指導すれば各クラスの整美委員の生徒が各クラスで伝達講習会をして周知徹底し菊づくりを推進した。生徒会整美委員会の指導教師は多くの学校で技術家庭科の教師が当たっていた。農薬の散布は生徒にさせられないので係の教師が当たり安全確保に努めていた。

　生徒会整美委員会の栽培講習会で指導すると1学年でもきれいに花を咲かせることができる。培養土は栽培の時間で実習で作った培養土を利用するようにしていた。

　沖縄は温暖であるので学校の花壇は色とりどり季節の花が咲き誇っている。那覇市教育委員会は県の施策を受け花と緑の豊かな学園づくりを支援していたので現場は指導の励みになり心強かった。

菊の歴史

1 ねらい
(1) 菊の原種がどこから渡来しどのように発展したかを理解させる。
(2) 日本における菊の歴史を理解させる。

2 取り扱い時間……1時間

3 展開の角度
(1) カレンダーの菊花を見せて、昔のままの菊だっかのか、菊が常に品種改良して現在に至ったことを理解させたい。
(2) 菊の原種を探しあてるにはどうしたらよいか考えさせる。
(3) 菊が庶民の手にわたってからどのように発展をとげたかを話し合う。
(4) 栽培の授業内容を説明して、次時へむすびつけていき、興味を喚起させる。

4 授業の記録
T　今日は菊の歴史をやるわけだが、ここに菊のカレンダーを持って来ました。
T　(めくりながら) きれいでしょう。大菊になるとこれ (花) が50cmにもなります。
P　でーじ (方言)
P　ゆくしやさ (方言—うそだろう)
T　本当だよ。大きくなると50cmになるんだよ。
T　(めくりながら) これは紫。これは中菊。
T　これは、沖縄県菊花同好会が発行したものです。これは家から持って来ました。これ一冊で大体分かる。
P　(花のカレンダー、菊の文献を見て驚きの表情をする)
T　今、菊を見たが、大昔からこのように大きな花が咲いていたんかな。どうかな。

P 品種改良した。
P 野菊から品種改良した。
P 肥料を入れたから。
T そういうこともいえるなあ。
T 昔からこういう（カレンダー）花だと思う人は手をあげてごらん。
P （いない）
T いないな。
T 菊は品種改良してこうなったんですね。今は1年間で200種以上も改良されています。
T 日本の野菊が品種改良されたものなのか。それとも外国から入ってきたのか、どうなんでしょうか。
P 中国から入ってきた。
T 中国から。あんたなんで調べたの。
P 事典で。
T 中国でなく、わが国の野菊が改良されたんじゃないかなという意見はないか。
P （だまっている）
P （しばらくして）日本にも野菊があったはずだから、日本で改良されたんじゃないかと思う。
T 中国から入って来たという根拠はないかな。
P 昔から貿易しているので中国から入って来た。
T あのね、どっちも理屈にかなうことです。日本でも、野菊が改良されたのだという考え方、中国から渡来したという学問的な論争があったわけですね、長い論争であった。あとは、中国から渡来したという学説に固まったんです。どうしてだろう。その菊のルーツを探さないといけないだろう。どうしてやったと思うか。
T 長嶺君の意見を少し発展させたらいいなあ。品種改良したということですね。
T 菊の祖先を探すために、植物学者がいろいろ研究するわけですよね。どういうようにして探すのだろう。
P 化石で調べる。

135

P　遺物で調べる。
T　壁画によっても調べることもできるし、菊の遺物によっても栽培の歴史も調べられますね。
T　それから。
P　歴史書。
T　そうですね。これも大切ですね。しかしルーツ歴史書だけでは調べられない。そんなとき、どうするか。もっと科学的な方法は何か。
P　中国に渡って調べる。
P　原形に近いものを探す。
T　原形に近くても、今の菊の祖先とは決めがたいです。原形に近いもの同士を交配して種子をとる。それをまき育てて開花させるんだ。そうすると花や葉の形、草丈でルーツを探りあてるんです。
T　菊の祖先は、シマカンギクとチョウセンノギクが自然的に交配してできたことをつきとめたんです。シマカンギクは、揚子江沿岸に自生しています。
T　自生って分かるか。
P　自然に生えてむれをなしている。
T　そうそう自然に生えてむれをなしている。
T　雑草とはどんな違いがあるか。
P　雑草はばらばら。
T　雑草でも季節ごとにむれをなすことがある。雑草という言葉は畑に作物を植えて、それ以外のよけいなものをいいます。目的以外のもの。
T　作物でも、例えばスイカがありますね。それでもスイカの自生したものを品種改良したんですね。今のように人間の目的にかなうように大きくしたわけです。もともとは小さいです。私のクラスに植えてあるコスモスや百日草も自生しているものを品種改良してある。人間が花を見るという目的のために改良した。
T　菊の祖先は、シマカンギクとチョウセンノギクから生まれたんです。日本での栽培記録はいつ頃か。
P　100年前。
T　たった100年前か。1000年前だよ。

P　0が一つ多い。
T　奈良時代です。710〜784年観菊の宴で桓武天皇が「この頃のしぐれの雨に菊の花散りぞしるべきあたらその香を」この一首だけが奈良時代に栽培されたという証拠です。
T　大体分かるか。
P　(聞きとれにくい……)
T　うん。大体あたっている。
T　この頃の雨で、あたら、もったいないという意味です。「この頃の雨で、香ばしいかおりをつけたまま散ってしまうのはおしいものだ」という意味です。
T　もう一度読んでみます「この頃……」(くりかえしてやる)。
T　これが日本で初めて栽培されたという証拠です。1980年ですから、1270年前に栽培されたということになります。すごいじゃありませんか。
P　(このとき、授業に集中していた)。
T　そして、平安時代（794〜1185年）には、菊合わせの行事が行われるようになった。今のコンクールの始まりです。自慢の菊に歌をそえて宴がもたれた。平安時代になって盛んに栽培されるようになった。沖縄タイムス社では11月になるとコンクールがありますね。
T　江戸時代になって盛んに品種改良が行われ、菊作りの本も出るようになった。どうしてだろうか。
P　庶民が作るようになった。
T　庶民でも菊を作れるようになったんですね。宮中で行われていたものがみんな作れるようになってみんなの花になった。
T　菊栽培が行われることになって、菊栽培の上でどんなことが発展しただろうか。
P　土づくりが研究された。
P　もっとあるよ。
P　農薬が作られた。
T　もっとないか。
P　肥料。

137

T　そうだ。
P　栽培用具。
T　栽培用具が工夫されてきた。
P　菊の性質が研究された。
T　品種改良が行われてきた。
P　手がるに作れるようになった。
T　やすく手に入るようになった。
T　栽培の授業では、菊について勉強しますが、菊をきれいに咲かせるためのいろいろなことを勉強します。土のこと、菊の性質、作り方、肥料などやります。

5　授業うけての感想
(1)　菊の祖先のことが面白かった。日本では、千年も昔に中国から入ってきたということにはびっくりした。菊が今の状態になるまでにいく度となく品種改良されたことが分かった。(名城)
(2)　今日の菊の歴史を学び遊び半分でやってきたこの前(2年)の菊を今度は本格的に学んでいきたい。そから、今日のものではだいたいのことが分かりやすく栽培のやり方を学び、あのカレンダーよりもっといい作品をつくりたい。今日の授業でおもしろかったのは、約1000年も前から菊をつくったことはとてもびっくりした。それから菊は人々にとってとても心を楽しませるものと思った。(長嶺)
(3)　授業の中で菊のカレンダーなどを見せたのが良かった。菊の歴史の長さにおどろいた。うたで菊の歴史が分かるというのがおもしろかった。菊合わせの行事というのにとても興味を持った。(金城)
(4)　日本での菊の栽培は1000年余りの歴史の中で奈良時代の桓武天皇がつくった歌の中に(しぬべきあたらその香を)という歌は、菊がとても気を起こすような歌と思う。(知念)

6　授業を終えて
　私は、菊の歴史をとり扱うには、どうしても菊のルーツをやりたかった。どのようにして菊が誕生したかを探りあてることは私にとっても興味のある

ことであった。いつだったか記憶は定かでないが「作物の中の歴史」をお書きになった塩谷格氏がラジオ放送で「さつまいものルーツを探る」をやっておられたことが強烈な印象に残っている。私はその放送のヒントを得てこの教材を作ってみた。授業は楽しくできた。生徒の感想の中にもそれが多かった。初めに菊花の大きなカレンダーを見せることから始まった。鮮やかに咲いた菊は生徒の目をとらえた。昔からこんなに咲いたのかと切り出した。斎藤喜博氏は『授業の展開』の中で「最初の発問は特に重要である。それは野球でいえばピッチャー第１球にあたるものであり、相撲でいえば立ち合いにあたるものである」。授業の方向を決めるには最初の発問であるとその重要性を述べておられる。

　この授業においても、子どもたちはとても目を輝かせていた。中国から渡来したという意見と野菊が品種改良されたという二つに意見が出された。それぞれの意見も学者間の論争であったと理解させた。論争の争点にふれないでそのまま通り過ぎてしまった。

　ルーツを探すために、歴史書、遺物などを調べたりする。しかし、作物のルーツは自生しているところを探り出すことにあるといわれている。先祖であることは原形に近いものを、花の形、大きさ、草丈などの視点から比較研究するようである。私はこの教材でこの点をつかませたかった。そして自生している植物を品種改良したものであることを身近なことから取り上げた。これは人間の技術の素晴らしさであるといえる。日本の菊がいつ頃からは学者間でも違った学説があるようであるが丹羽氏の学説にが信頼性がありそれに従うことにした。桓武天皇の歌を取りあげて、皆と鑑賞した。菊が宮中で作られており、香ばしい香りをつけて昔から重宝がられた花であることを理解させたかった。歌の中から菊の素晴らしさを味わい実際に作る意欲を盛り上げることは大切であると思う。その後、江戸時代になって、庶民のものになって初めて土づくり、品種改良、農薬、用具、菊の性質が本格的に研究されて現在に至っている。菊栽培は、開花までに必要なことを学習するんだということで授業は結んだ。

　私は、菊の歴史での授業で生徒が生き生きとしていたのを見て嬉しかった。菊の歴史の長さに大体の生徒が驚いていた。これは、また、昔から菊が作られていたことの素晴らしさを身につけたようであった。初めての授業であっ

たが、次の授業への意欲を盛り上げることができた。

参考文献
原色　菊　　児玉三代司著　　集英社　　1975年発行

第7節　宝をつくる　考案設計
——板材の加工——

　1982年1月14日　那覇地区技術教育研究会で自主研究発表した。研究報告書「宝をつくる」（300ページ）は板材加工の授業実践記録を手書きしたものを一冊にまとめた報告書名である。中学校に入学した生徒に導入教材として「技術の文化と技術・家庭科」を取り上げ、ジガバチ、チンパンジー等の道具使用の絵を示し道具使用に興味を喚起し、人間の道具使用とのちがいを理解させ人間は技術文化を作り出した。技術・家庭科は技術文化を学ぶ大切な教科であると技術・家庭科学習の意義を認識させた。次に取り扱ったのが構想図のかき方の基本となる「投影法のかき方」、「設計の研究」を学習ではよい本立ての条件とかよい本箱の条件を上げさせ自分の作品の設計をさせ構想図にまとめさせていた。

　今回はよい作品の条件をあげさせ、条件をグループごとに分かれて話し合わせ、まとめの発表のときに教師がコメントしながら設計研究の学習を終え、次に考案設計の教材に入った。考案設計の教材では板材を提示し、最低の条件を提示して考案設計させた。アイディアのある作品にしなさいと提示して考案設計をさせた。技術教師になった初期の頃はアイディアのある本立て本箱を真剣に考えていたように記憶している。高度成長期の時代を反映していたのだろうか。「今回もこれまで同様にアイディアの本立てとか本箱を考えなさいと設計指示したらなかなか生徒は動きを示さず戸惑いがあった。生徒が主体的に設計して欲しいと願い自分の作品に「宝を作りなさい」と指示したらどの生徒も作品に宝を作り出すようになった。言葉が具体的になって生徒の心を捉え生徒の発想が作品に生かされたのである。教師の発問の大切さとか重さを改めて認識したのである。生徒の学習意欲を高めるには生徒に興味関心を喚起するような教師の発問の工夫が重要である。今回は発問の工夫によって、学習内容を確かなものにすることができたのである。

　製作段階で生徒の可能性を伸ばすには、製作工程ごとに身につけたいことは何か、と生徒個々人のめやすをもたせ製作学習の意識づけをはっきりさせ

たので、技術の習得を確かものにすることができた。墨つけ、鋸びき、鉋がけ、部品の検査、組み立て、焼き杉塗装などである。

　木材加工の授業 「宝をつくる」の実践は、1982年1月24日、教授学研究の会「福岡一日研究会」で報告させていただいた。更に実践の記録は「技術教室」（民衆社）1984年6月号～1985年9月号まで13回連載させていただいた。この実践は1984年8月号に所収されている。

宝をつくる　考案設計
──板材の加工──

Ⅰ　目　標

○　板材を利用して自分の作品の設計ができる。

Ⅱ　配当時間

Ⅲ　展開の角度

1. 板材を具体的に提示して、その範囲で考案設計するよう説明する。
2. 宝を作ることの意味を理解し、工夫して設計ができるようにする。
3. 考案設計をさせる。
4. 設計図の検討をする。
5. 画用紙で模型を作り設計の検討をする。

Ⅳ　授業の記録

T　さあ、これから、みなさんが勉強したことを頭に入れて作りたいものを設計します。

T　僕は黒板に宝を作ると書いてあるが何のことか知っているか。作品には必ず宝を作る。自分の宝。10月まで木材加工で、めんどうくさいからといってこんなもの（簡単なもの）を作る生徒がいます。これに宝がありますか。

P　ない。

T　そうですね。側板を切っただけでなにも宝はないですね。宝とは何ですか。

P　工夫すること。大事ですね。せいいっぱい努力して工夫すること。5組・6組の作品をね。このように考えている生徒がいた。後は合板を使う。

僕の宝と書いてね。側板にイニシャルを開けた。
　　上の段に中板をつけた足の真中に半円形を作る。これが僕の宝といっている。上間君の作品。
T　10月の終わりまでずっと作品を作るので初めに鉛筆でかく。じゃ何のために作るか。何に使うかということを考えないといけないね。家のものも考えて、本立て、本箱があるから、別のものを作ろうね。そこに出来上ったものが人のものを真似したら自分の宝にならないだろう。本当に自分が必要としているものを工夫することだ。同じ本立てを作るにしてもどこかに自分の宝がないといけない。これが大事ですよ。
T　前の時間に物差しを持って来るようにいったがみんな持って来ただろうな。自分が作りたいものをまず構想図を斜投影図か等角投影図、どちらでもいいから書きやすいものでかく寸法も記入する。いいか、寸法の記入の仕方は自由です。
T　厚さが12mm位になるようにする。削って1cm2mmになるようにします。幅が21cm。こばのがさがさになったものを切って捨てなければいけませんね。だからこれよりも小さくしなければいけませんね。のこやかんなで切ったり、削ったりしますからね。長さが2m70cmだがこれも同じです。これ以上材料を使う生徒は先生に相談する。分かったな立派な作品ができます。
T　かくときにはゆとりをもってかく。あまりでっかくかかないようにする。僕の宝と説明する。裏側に部品図をかく。

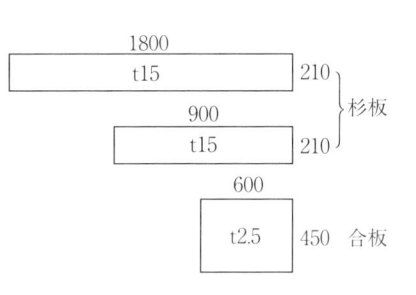

生徒が構想図をかいているときの具体的手だて

　1．画用紙の使い方
　ファイルにとじて使うので、どの位置に図をかいたほうがかきやすく、使いやすいかを具体的に個人と対応してやった。
　2．構想図のかき方

斜投影図にするか、等角投影図にするか、生徒がかきやすいものでかかせ、投影法の指導も含めてやった。かき方についてはすでにやっているので応用させた。画用紙に図の大きさと配置をどうしたらよいかを考えさせながらやった。

3. 設計の条件を考慮して設計させた。

本立てを作る生徒、本箱を作る生徒がそれぞれいたが、本箱の場合でもほとんど本立てと同じであるので個別指導で徹底させた。

4. 作品の中に自分の宝を作らせた。

使用目的を拡大するために作品の中に自分なりの宝を作らせた。他の生徒の真似ではなくあくまでも個人個人に即して指導した。そのとき、どんな目的にするかを明確にさせるようにした。

など以上のことについて前時で学習したことを考察設計に実際に生かせるように手だてをした。設計研究の学習が実際に役立てられるのはこの実習を通してである。

構想図の検討

生徒がかいたものを中心として、まず生徒の説明を受け、設計の条件が生かされているかどうか。作品を家庭でどこに置いて使うのか、どのように利用するか作品の中に宝が意識的に作られているかを点検した。その際、一つの尺度でそれにあてはまらないのは駄目とするのでなくあくまでも生徒の考えを中心にすえて生徒の主体的な考えを助けるように努めた。生徒の作品の中にはどこかいいところがあるのでまずその部分をほめてやる。そして悪いところは訂正させるなりした。それも生徒の能力に即してその生徒なりの力をひき出すよう指導にあたった。

画用紙による作品の模型の製作

生徒が構想図をかいたものを検討して、寸法などの修正をやったあとでもっと具体的に検討させたいと思って画用紙で模型を製作させた。模型製作は次の順序でやった。

1. 模型製作の目的を話し合う。

何のために模型を作るのか。その目的をはっきりさせた。模型を作ったあとでどんなことをすればよいかと話し合ったら、結局、設計の条件にかなっているかどうかをすらすらと出してくれた。構想図の検討をしているから生徒にとってはそれほど抵抗もなかった。まず何事も目的をはっきりさせた上ですすめなければ実習そのものがいいかげんになるから、まずこのことをしっかり押さえた。

	検討する事	検討した結果どうか
1	目的にかなって使いやすいか	
2	材料の性質を生かしているか	
3	構造がじょうぶであるか	
4	じょうぶで美しいデザインであるか	
5	大きさは適当か	
6	自分の宝があるか	
反省		

2. 画用紙に縮尺して部品図をかく。

現物の大きさにするのは理想であるが、画用紙では難しいので１／２縮尺にして部品図をかかせた。その際、画用紙の部品図に木目も簡単に図示させた。のりしろも含めて図示させた。

3. 部品を切りとる。

はさみの使い方も含めて部品を切りとらせた。部品には木目がかかれているかを点検した上でさせた。

4. 部品の数を確かめ、のりづけして組立てる。

のりを準備して、大きい部品から順序よくのりづけさせた。組み立てのときは、机上の切りくずをきちんと処理させてからやった。

5. 組立てたものに基づき検討させた。

上記の表をB5に印刷して配り各自検討させた。

V　実践を終えて

1．この教材の取り扱い

　私はこの教材をこれまで何回となく扱ってきた。どうすれば生徒自身に考案設計させることができるか。いろいろ悩んだり、工夫したりもしてきた。しかしそれも決して満足するものではなかった。設計研究(機能、構造、材料、加工）をして、それを考慮に入れて略構想図をかかせ、その中から自分自身で最も作りたいとするものを選び、検討を加えて構想図としてまとめる。それに基づいて製作図をかき、工程表、材料表をかいて製作に入るという手順であった。技術科が誕生して以来ずっとこのやり方であった。これまで設計研究をしたことを考案設計にいかに結びつけるかが大事であると分かりつつもその部分でぷつりと切れている場合があった。いわば学習の連続性がなく応用発展がなかった。そうなると単なる物づくり主義に陥ってしまう。主体的に物を作らせるには考案設計の基礎学習である設計研究をふまえて自ら作品を考案設計するところから出発するものと思う。科学的な裏づけがなければならない。物を作る製作学習においてすべてにつながる原則であると思う。

　今では教材屋さんが学校現場にどんどん入りこんできて何から何までもめんどうを見てくれて便利になってきた。つい多忙なあまり頼んでしまうことがある。こういうことはやめたほうがよいと思う。自ら材木店に足を運んで材料を選んで購入したほうが安くつくし、いい作品も作らせることができる。

　この教材では、設計研究を生徒を中心においてやってきたのでそれを踏まえて考案設計をさせることになる。構想図の表示においては投影法を復習しながら発展させるようにする。機能研究で学習したことが、家庭では具体的にどのように使うか。何冊本を立てるか。小学校で作った本立てとどう結びつけて利用するか、どこに置くか等、具体的に個別指導において徹底させる。構造研究で学習したことを生徒の構想図に即して荷重の方向と構造との関係で捉えさせるようにする。全体の調和、美しさ等も考慮に入れて背板の幅、間隔も決めさせる。材料の性質を利用した接合の仕方にも十分留意する。それぞれ学習したことを生徒の構想図に即して発展させるようにする。

　また、模型製作においては縮尺の仕方、はさみの指導も含めてやり、設計

の検討事項に従って検討させるようにする。具体的に検討しやすいので、修正すべきものは修正させるようにする。完成後にこうすればよかった、ああすればよかったという反省をできるだけ減らすことができる。

2. 実践を終えて

　科学的側面をきちんと押さえながら、考案設計において、生徒の持っている可能性をいかに引き伸ばすかが重要なことであるように思う。アイディアのある作品を作りなさいというと最高のものがまずそこにあってそれを目ざして構想図をかきがちである。生徒個々人の主体のかかった作品を製作させるということは技術教育において最も大切なことである。教科書通りに作品を作らせると主体性がなくいいかげんな製作になってしまう。興味も意欲も湧かない。こうして作った作品は道ばたに捨てたり、教室のロッカーに置きっぱなしになっていたりして大事にしない。私はこういうことを何回となく経験してきた。それでも尚、教科のある領域については実践できず苦しんでいる状況にある。

　アイディアのある作品を作りなさいというのと作品の中に宝を作りなさいというのとは同じように聞こえるが決してそうではない。"今の世の中はアイディアで勝負"するといわれるほど生徒をとりまく環境ではアイディアの概念も商品の経済的価値として結びつく。生徒の主体とかかわった作品を作らせるにはそれなりに言葉を選ぶことが大切であると思う。宝を作るというのは他との比較ではなくあくまでも生徒個人の考え方を大事にすることである。今回の実践は考案設計において生徒の納得のいく作品を考え出すことができたように思う。私自身にとってもこれまでにない納得のいく実践だったように思う。更に実践を発展させたい。

第8節　「沖縄の土壌」の授業

　私が技術・家庭科の教師になった頃は、栽培領域は第1学年で学習することになっていた校務分掌も教科との関係で緑化係・花壇係が割り当てられていた。
　草花の種のまきどきについては教科書では東京付近の参考例が示され沖縄の種蒔きのまきどきとは合わない。そこで、花の種子購入や草花の種蒔き、手入れ、施肥等について種苗店に　足しげく通い草花について理解を深めた。土の種類と性質については砂とねん土の割合で砂土・砂壌土・壌土埴壌土・埴土に分けられるとし、空気の通り、水もち、肥料もち、作業のしやすさ等の説明がされていた。教科書の説明をするだけで果たしてそれらのものが沖縄の自然界に存在するか疑問に思っていた。首里中学校に転任になったことを機に首里崎山町にあった琉球農業試験場で研修できないか、と思い学校長に自主研修を申し出た。試験場は学校長の申し出を快く引き受けて下さった。1970年8月5日〜19日までの夏季休業中の2週間研修がゆるされた。研修期間は「園芸室」配属となり研修プログラムは自ら作り計画に従って研修を進めた。最も基本的なことを中心に職員から手ほどきを受けた。沖縄の土壌の種類とか物理的性質、化学的性質など。研修報告書「中学校技術・家庭科における『栽培』教材研究」を手書きのガリ刷りにして全職員に配布した。試験場職員と同じ服務規程に従って研修に励んだ。本土と栽培環境が違うので指導書に書いてあることでも確かめ、そのちがいを明らかにし草花栽培の基礎知識を身につけた。

沖縄の土壌の物理的性質

　「土は大小さまざまな粒子からできている。この粒子の精粗による土の分け方を土性という。」

土の粒子分類

名　称	粒　　　径（mm）	
	日本農会法	国際法
れき	2　以上	2　以上
粗砂	2 〜 0.25	2 〜 0.2
砂	0.25 〜 0.05	0.2 〜 0.02
微砂	0.05 〜 0.01	0.02 〜 0.002
粘土	0.01 以下	0.002 以下

土性

種類	細土中の粘土の割合
砂土	12.5 以下
砂壌土	12.5 〜 25
壌土	25 〜 37.5
埴壌土	37.5 〜 50
埴土	50 以上

沖縄の土性

1　砂土
　　豊見城　与根　与那原　小那覇　嘉手苅　恩納村谷茶
2　砂壌土
　　南恩納　名護　宮里　金武村　伊芸　屋嘉
3　壌土
　　与那城村　平安名　伊敷　与那城　西原
4　埴壌土
　　仲西　大平　宮城　仲間
5　埴土
　　首里　大里　南風町　東風平

土性調査法
ア　指頭法
　　手軽に行えることで便利。熟練を要する。
イ　淘汰法
　　中学校で実験不可能である。

　上記の土性については農業試験場で求めた資料によるものである。教科書にかかれている土の種類(土性)が沖縄の自然界に存在していることが分かった。土性調査法に基づいて土性を明らかにされているのだった。
　1971年には園芸クラブのテキスト「中学生のための沖縄の草花栽培」を作成してクラブ活動や栽培の授業、校務分掌の充実に役立てることができた。

沖縄の土壌の化学的性質

　土壌は、水分（水相）、固形分（個相）、空気（気相）からなっており固形分の化学的成分は有機成分と無機成分に分けられる。有機成分は主に腐植であり無機成分の主なものはけい酸、アルミナ、鉄、マンガン、りん酸、石灰、カリ、ソーダ、硫酸、炭酸などである。
　土壌には、酸性土壌、中性土壌、アルカリ性土壌がある。

（酸度検定の方法）
〇準備
　　土壌サンプル、かくはん棒、ビーカー、試験紙、蒸留水

〇検定の方法
1　土壌サンプルをビーカーに入れる。
2　蒸留水を土壌サンプルの2〜2、5倍入れる。
3　かくはん棒でよくかくはんする。
4　かくはん後試験紙を浸し比色表と比べて酸度を決定する。

酸度の決定

PH＞7　　　アルカリ性土壌
　　PH＜7　　　酸性土壌
　　PH＝7　　　中性土壌

草花の生育とPHとの関係
PH6～5
　　ツツジ、クチナシ、アジサイ、ベゴニア、スズラン、など。
PH7～6
　　キク、バラ、ユリ、シクラメン、カラー、ハナショウブ、キンギョソウ、など。
PH8以上
　　キンセンカ、シネラリア、ゼラニウム、ガーベラ、など。
PH8、5～7、5
　　ヒャクニチソウ、マリーゴールド、ヤグルマソウ、エゾギク、マーガレット、など。
　　（以上　研修報告書から抜粋したものである）

　この研究実践「沖縄の土壌の授業」は教授学研究の会「事実と創造」1982・10（一莖書房）に所収されたものである。第3学年の栽培の授業で実践したものをまとめたものである。
　島尻マージ、ジャーガル、国頭マージの沖縄の代表的な土壌でさとうきびの生産の多い土壌はどれか、と課題を与えた。生産に及ぼす土壌の条件を考えさせ、それぞれの土壌の条件を三つの土壌で比較検討する。水はけ、水もち、毛管力、地力、腐植、酸度の六つの実験グループに分け、一つのグループはさとうきびの特性を調べさせた。実験グループは生徒の希望で編成し、グループごとに実験方法を考えさせて実験させた。実験結果を発表させ収穫量の多い土壌はどれかを話し合った。土壌改良にも触れた。土壌改良の実際のパネルを提示して理解を深めた。
　沖縄の特産のさとうきびを取り上げ、どの土壌が生産量を上げることができるか、生産量を上げるための土壌改良にも触れたことはよかったと思う。

「沖縄の土壌」の授業

I 教材との出合い

　私は、沖縄南部の東風平町に生まれた。東風平町は、沖縄自由民権運動の父といわれている謝花昇の誕生地であり、農業が盛んなところである。大学に進学するまで家業が農業であったために、ずっと農業をしていた。どこの村も、ほとんど農業で生計を立てており、収入のほとんどはさとうきびの生産に頼っていた。さとうきびづくりは小学校の時からやっているので、畦の立て方、植え方、肥料の入れ方、収穫の仕方も手とり足とりで教えられてきたのでずい分身についている。

　畦を立てたり、他の農作業をしたりするとき南部一帯に広く分布する泥灰岩の風化土壌であるジャーガル土壌は、雨後には、粘土分が多いために粘着力があり、くわやショベルにくっついたり、足にくっついたりしてずい分悩まされたものである。そのジャーガル土壌は、水はけが悪く、仕事もしにくく、悪い土壌とばかり思っていた。

　しかし、このジャーガル土壌が、沖縄では一番肥えていて、さとうきびの生産高がよくすぐれた土壌であることがごく最近になって分かった。アルカリ性土壌で、日本全国でもよく知られていない土壌でもある。

　栽培の領域で、土のしくみ、培養土の作り方の教材を取り上げていると沖縄の独自の土壌とのかかわりが出てきて、どうしてもさけて通ることができない教材であることが分かった。

　夏休みには、琉球政府立琉球農業試験場に行って調べたり、琉大の土壌学の渡嘉敷先生に尋ねたりするうちに、沖縄の土壌に魅されてしまってどうしても教材化してみたい気持になった。

II 教材の解釈

　沖縄の土壌を、国頭マージ、島尻マージ、ジャーガル、ウジマ、カニクの

5種類に分けることができる。農耕地として、国頭マージ、島尻マージ、ジャーガルの3種類の土壌が広く利用されている。国頭マージは、千枚岩、国頭礫層などを母岩とする風化土壌で、赤色〜黄色を呈する酸性土壌である。主として、パイナップル、茶、かんきつ、さとうきびなどが栽培されている。

島尻マージは、琉球石灰岩の風化土壌で、暗褐色を呈する中性ないし弱アルカリ性土壌で、ニンジン、タバコ、すいか、にがうり、かぼちゃ、いんげん、甘藷、さとうきびなどが栽培されている。

ジャーガルは、第3紀泥灰岩の風化土壌で灰色を呈する重粘土のアルカリ性土壌である。主として、かぼちゃ、冬瓜、ピーマン、いんげん、さとうきびなどが栽培されている。

3種類の土壌に、共通して栽培されているのにさとうきびがある。さとうきびは、沖縄の気候風土に適しているために、今から530年前(尚金福王)の1450年から全県的に換金作物として現在まで生産されている。

3種類の土壌にさとうきびを植え付けた場合、ジャーガルが10アール当り9.7トン、国頭マージが6.4トン、島尻マージが5トンで収穫量のちがいがある。

その原因は、地力、腐植、水はけ、水もち、毛管力、土壌の酸度、作土の深さなどのちがいなどがあげられる。

私は、この教材をとりあげる場合、全県的に栽培されているさとうきびに限定して、3種類の土壌の畑に、同じ面積に、同じ苗を植え付けた場合、どの畑の土壌が収穫高が多いかをいろいろな実験を通して追究させることが大切であると思う。

その際、実験を画一的にとりあげるのでなく、生徒の興味とか、願いを大切にして、それぞれの実験を分担して、そのデータを基にして、さとうきびの生育に最もよい土壌をつきとめることが大切ではないかと思う。

更に、それぞれの土壌の畑で生産高を高めるにはどうしたらよいかを考えさせることも大切であると思う。

Ⅲ 展開の角度

(1) 3種類の土壌を見せて、どこにあるかを話し合う。

(2) 土壌の種類とそれぞれの適作農作物を説明する。
(3) 土壌についての沖縄の民話のテープを聞いて昔の沖縄の農業が工夫してやっていたことを理解させる。
(4) 3種類（国頭マージ、島尻マージ、ジャーガル）の土壌の畑にさとうきびを植え付けたとき、収穫量が同じかどうかを話し合う。
(5) さとうきびの収穫量に影響を与える土壌の条件を引き出し、どの土壌がよいか実験によって実証する。
(6) 実験結果を各グループでまとめて発表させる。
(7) 各班の実験結果を基に、話し合いによって結論を出す。

Ⅳ 授業の記録

T 皆さんの前に沖縄の代表的な土を持ってきたんだが、手にとって、よく見てごらん。さわってごらん。これは、大昔から沖縄の農作物を作っている土です。われわれを養ってきた畑の土です。

P （3つのビーカーに国頭マージ、島尻マージ、ジャーガルを入れてあるのを手でとったり、においをかいだりしている。）

T 灰色の土がありますね。どの辺にありますか。山原（北部）で見たことがあるか。

P 南部。

T 南部一帯に広がっている土です。ジャーガルといっています。こっちのほう（土壌地図をさして）緑色でかいてあるところ。これですね。南部一帯に広がって存在している土。ジャーガル。これは泥灰岩が風化してできています。灰色の土の中に固いのがあるでしょう。泥灰岩のかけらクチャといいますけど、戦後は髪洗粉として使いました。泥灰岩（クチャ）―ジャーガル……板書赤味がかかった土がありますね。どこにありますか。

P 北部。

T それから。

P 中部。

T 国頭マージといっています。これは千枚岩の風化土壌です。古成層の。

沖縄では一番古いところです。マージというのは灰色以外の黄味がかったもの、赤味がかったものをいう。いいですか。
T　ジャーガルは、昔、海が隆起してできた。この部分はね。(地図をさして)
T　この黄色土見たことがあるか。あまり見かけないだろう。
P　ある。
T　どこで。
P　家の近くの山。
T　じゃ、この部分だね。(地図で)ぽっつりと少しはありますね。
T　島尻マージといいます。これは島尻マージとは地名ではない。島尻郡(南部)に広がっているから島尻マージとはいわないんですね。この黄色い部分が琉球石灰岩の風化土壌です。本部の海洋博があったところや祖国復帰闘争碑がある辺戸岬にも島尻マージがありますね。この3つの土は沖縄の代表的な土ですね。
T　ジャーガルでは、ピーマン、トウガ、インゲンなんかが作られています。
T　国頭マージでは、沖縄の特産物は何か。
P　パイン。
T　パインのほかに、お茶、かんきつ類が作られている。かんきつ類って知っているか。シークヮーサー・グヮーバなどですね。
T　島尻マージでは、タバコ、ニンジン、スイカなど作られています。
P　タバコもできるね。
T　ああ、できるよ。非常に細かい種子から栽培するが、大きな葉をつけます。これを干して、きざんでタバコは作るんですね。
T　今あげた作物のほかに、沖縄のどこにも作られているものは何か。
P　さとうきび。
T　さとうきびは、どこでも作られていますね。どの位前から作られていると思いますか。さとうきびは沖縄の気候によく適している。1450年、今から530年前から作られています。いいですか。長嶺按司陸民が初めに作った。按司というと今の村長と思えばよい。
P　爆笑。(長嶺君がクラスにいたので)
T　陸民という人が中国からさとうきびの作り方や製糖法を習ってきたんですね。この人はね。奄美大島、鹿児島、大阪に砂糖を売って金持ちになっ

たんです。琉球王府は、陸民は私服を肥やして王府に献糖しなかったということでとがめを受けて八重山に流刑されたというんですね。しかし、ある史料では、1620年中国から奄美大島に渡ったとあるが、沖縄のほうがずっと先に入っています。いもでも、今はさつまいもといっているが、もともとは沖縄で栽培されていたものが、さつま、今の鹿児島に渡って栽培法が研究されて普及したもんだから、さつまいもというんですよ。沖縄にいる僕らは琉球いもといわないで、九州では、琉球いもとか唐いもといっているんですね。

T 昔からこの土でさとうきびを作ってわれわれの先祖の生命を養っていた。今もそうですね。昔から教訓として伝えられている民話にも農業に関したものがいくつかあります。ここにテープを準備しました。皆さん方言が分かるかなあ、おもしろい話しです。方言だから聞いて分からない方言はメモしておいて下さい。そして民話をみんなで組立てていきたいと思います。

(沖縄方言による民話)
昔話やいびーしが、ななちちひやーてんいぬぐと、かんだいいたんで人(チュ)の話やいびーしが、あの、人雨(チョアミ)が降るわるかんだん植いて、うむんあいびーしが、ある人の畑いっぺー、ぬかんぐとしたげーち、あせてーぬはるん、また、あさて、またあさてし、なあ、全然もうおこたらないように、いっぺ、勤勉に働きんでの、うりやいびーしが、つゆさにかんだ植いたりん状態ないびて、この人(ツュ)ななちちひやーてんがしやしみそうらん、あの、いぬごとゆがふうし、うむうさがて、人のいっぺひるまさそうたんりの話やいびーしが、これ、いっぺうみはまて百姓やうみ働きんでのいちいんやらんで思いびーん。

T どんな言葉が出てきたか。
P 畑、百姓。
P 働く。
P 勤勉。
P いも。

T 方言でもいいよ。
P やいびーしが。
T 「～でありますが」という意味です。それから総合すると何を植え付けたことをいっていますか。
P いも。
T そう。いもを植え付けたことをいっていますね。いもの苗を何といいますか。
P （沈黙）
T かんだ。かんだーばジューシめーというでしょう。いもの苗ですね。
T どういうときに植え付けてどうなったかということが大事ですね。もう一度聞いてみよう。いくよう。録音（2回目）録音。ななちちひゃーてん
T ななちちとは何ですか。ななちちとは。
P 土。
T 土ではないな。7ケ月という意味だ。
T ひゃーてんとはなんの意味か。
P ひあがる。
T そうそう。7ケ月ひあがるわけだから、7ケ月干ばつがあったということです。録音（つづける）
T ぬかのように。
T つゆでも。
T 7ケ月ひでりが続いても苗を植えても、いもの収穫をしたという話でしたね。どのように耕やしたというんですか。
P 米ぬかのように耕やした。
T 米ぬかのように何べんも何べんも耕やしたということですね。雨は降らないのに一体何によって植えられるといっているんですか。
P つゆ。
T つゆ。朝つゆでも植えられるように米ぬかのように耕やしたと。他の人は、がししてもいもが収穫できなかったけれどもこの人は収穫できたといっているわけですね。今度は、共通語で録音を聞いてみよう。
P （録音に聞きいる）
T （録音を聞き終えてから）昔の人が、土とたたかい農作物を植えて生計

を立てていたという涙ぐましい努力が分かりますね。何度も何度も耕やして、つゆのしめりけを利用するために米ぬかのように耕やした。ずい分工夫したんですね。

T　ここに国頭マージ、島尻マージ、ジャーガルの畑があって、同じ面積に、同じ本数のさとうきびの苗を植え付けたら収穫量は同じだろうか。肥料は入れないものとする。どうですか。

T　米ぬかように耕やしたといっているが土のしくみからして何のしくみか。

P　団粒。

T　団粒のしくみにしたわけだか、あの３つの畑も同じように耕やしたとする。収穫量が同じかどうか。

T　同じ人はいませんか。（しばらくして）いないようですね。ちがうんですね。どうしてか。又、土に戻ってみよう。これを米ぬかのように耕やしてみる。どういう理由でちがうか。どうか。

P　土の性質がちがう。

T　どんな性質のことか。

P　水はけ。

T　そう。3種類とも水はけが違いますね。水はけがよければ根の生育がいいです。そのほかに、水はけと裏はらの性質がありますね。

P　水もち。

T　水もちがいいかどうか。水もちがよければ干ばつに強く生育もいいが、逆に雨が多いとかえって悪いです。

P　粒の大きさ。

T　先ほど、米ぬかのようにきれいに耕やすと条件をつけましたね。粒の大きさは同じだと考えていいわけです。

P　栄養。

T　そう。栄養。つまり。

P　有機物。

T　有機物が腐った時、腐植といいましたね。腐植は栄養になります。腐植が多ければ肥えた土ですね。腐植の量によってちがってきます。

T　土は、粘土と砂と有機物の腐植から成るといいましたが、それ以外に栄

養になるものはないか。
P 無機物。
T 土そのものが持っている無機物の中で、作物の栄養になるものがあります。栄養になる無機物が多く含まれているかどうかによってもちがいます。これを地力といっています。
P こんな言葉があるか。（生徒同志で）
T あるよ。地力とは、生産力のことでもあります。生産力のある土のことを地力のある土ともいっています。そのほかに。
P 作業がしやすい。
T 作業がしやすいということは、手入れがしやすいから収穫も多く期待できますね。作業がしやすいということは、前に学習したことから土の成分からどんなことがいえますか。
P 砂が多い。
T 砂が多ければ作業がしやすい。土の水はけとか通気性に関係がありますね。ほかに。
T この前、プランターの話をしましたね。土のしくみで。
P 水の吸い上げ方によってちがう。
T 地下水をどの位い吸い上げるかによって違う。毛管力ですね。地下水を多く吸い上げれば根の働きが活発になります。水の中に養分がとけて吸い上げます。そのほかに。
P 酸度。
T 酸性か中性かアルカリ性かによって土の団粒化をすすめる微生物の活動が違う。微生物が活発に活動すると団粒化がしやすいですね。これは前にも学習しました。
T さとうきびの特性が分からないといけない。いつ植え付けるか。いつ収穫するのか。生育期間は何ヵ月か。はっきりしないと分からない。（これまで、土の性質による収穫量のちがいがあることを明らかにした。3種類の土壌のうちで、どれが1番よいか話し合うことにした。実験する目的とか、課題とかを生徒につかませたかったからである。）
T 3種類のうちで1番収穫が多いのはどれですか。
P 国頭マージ。

T 国頭マージがいいと思う生徒。もっといるだろう。
P （数名）
T どうして国頭マージがいいか。
P 水はけがよさそうだから。
T そのほかに。
P 沖縄全体が国頭マージが多いから。
T さとうきびは南部にもいっぱいあるよ。
P 爆笑。
T 面積で考えたんですね。沖縄本島全体からするとそうなるかも知らんな。
P 島尻マージ。さらさらして細かいから。
T はい。そこの人。
P 水はけがよい。
P 島尻マージがよい。水をすい上げるから。
P 栄養も多く含んでいそうだから。
T 今、国頭マージ、島尻マージがいいといっています。ジャーガルが出ていません。水はけ、水のすい上げ、栄養分のちがいから国頭マージ、島尻マージがよいといっています。そのほかに、水もち、地力、酸度、さとうきびの特性などを比較しないと分からないですね。見た感じでは分からない。実験で検証しないといけない。この３つの中で、１番収穫高の多い土が一つだけあります。次の時間は実験グループの編成と実験方法について話し合います。

(1) **実験の方法……第２時間目**

２時間目は、自分がやってみたい実験、興味のある実験をやるようにと従来のグループの再編成をやった。又、一つのグループは、さとうきびの特性を調べさせることにした。実験は、地力、腐植、水はけ、水もち、酸度、毛管力、さとうきびの特性の６つの実験グループと一つの調査グループの７つのグループを生徒の希望通りに編成した。それぞれの実験グループで、次のようにすすめていった。

　（ア）地力実験グループ

地力実験グループでやったことは、どうしたら土壌の中に含まれている作物の肥料となる無機物を検出させるかにあった。
　初めに、作物の栄養となっている無機物にはどんなものがあるかを調べさせることにした。島尻マージが琉球石灰岩が風化したものであれば、どういう無機物が多く含まれているかを考えさせた。そうすると、$CaCO_3$ が多く含まれているにちがいないということであった。それにどういう化学薬品を加えたらいいのかを考えさせた。目ではっきりと反応が分からないと比較にならないだろうともいった。塩酸を加えるとあわが出るのではないかとグループの1人が答えてくれた。
　$CaCO_3 + 2HCl$ の式から、泡は二酸化炭素であることはよく分かっていた。
　$CaCO_3 + 2HCl \rightarrow H_2O + CO_2 + CaCl_2$ H_2O と $CaCl_2$ はなかなか考え出させるには難かしかったが、左辺の化学式から H_2O が導びき出され、$CaCl_2$ はすぐ出てきた。Ca は、作物の栄養となることがすでに明らかになったので、多く発泡するのが地力があるものであることを生徒にとらえさせることができた。塩酸は劇薬であるので、取り扱いに注意して希塩酸にして実験させることにした。

（イ）腐植実験グループ
　腐植の多い土の簡単な見分け方を考えさせた。多ければ、黒ずんだ土になっていること軽く、手ざわりがよい土であることを感覚的にとらえさせた。どのくらい多く含んだものであるか比較させるにはどうしたらよいか。腐植が焼却すると、土全体の重さが変わるだろうという予想の基に、同一条件で、乾燥させ、その重さを測定して、焼却してからその差を見るとどれだけの腐植が含まれているかが分かるということも生徒は考え出した。
　実際には、3種類の土とも感覚的にとらえることができず、土壌にとけている有機物の腐植を化学反応で調べる以外にはないということになった。いろいろの参考文献で調べさせることにした。まず、有機物を分解させるには、どんな薬品を使えばよいか。最初の大きな課題であった。生徒はピロリン酸ナトリウムで分解できるのではないかと調べてきた。土壌の中の目に見えない有機物を分解させることができるととらえていた。実際に、目で見て反応

を見るには、分解した有機物の中の成分を分解しなければならない。そこで水酸化ナトリウムを使えば蛋白質を分解するからその反応で分かるのではないかということであった。土壌に加えてロシでとった反応液で分かると予想していた。生徒が調べてきたことと「現代農法百科・武川満夫・政江共著」の簡易土壌検定法とほぼ一致したことに驚いた。実際の方法として簡易土壌検定器を使って実験させることにした。

(ウ) 水はけ実験グループ

実験方法では、鉢に土を入れて水はけの状態を見るというものであった。このグループでは条件統制の方法が分かっていなかった。4号鉢を使ってさまざまな実験をさせた。そこで発見したのは土の粒の大きさによって水はけがちがうということであった。大きい粒は水はけがよく、小さい粒は水はけが悪いことであった。条件を統制する必要性が分かった。粒をつぶしてやったらいいという生徒もおればふるいを使ったほうがいいという生徒もいた。自然に存在する土の水はけを調べるにはふるいにかけるのがいいだろうということになった。2ミリのふるいにかけた土を鉢に入れたらなかなか水がはかなく失敗に終わった。鉢をもっと小さくすればいいのだが底穴が小さく駄目であった。土の量をある一定量入れたら流れやすいものはないかと考えさせた。細長い容器で底に穴があいているものはないかともいった。なかなかそういう容器は思いつかなかった。そこで、コーラびんの底を切ったらどうかといったらなるほどとうなずいたり、喜んだりしていた。土を等量入れていっぺんに水を入れたらどうなるかとも尋ねたりして、条件を統制させることにした。

(エ) 水もち実験グループ

水はけ実験と水もち実験の違いを、明らかにすることから始まった。土の粒子がどの位い水をつかむことができるかを考えさせた。一定量の土に水を加えて水をつかまえさせてからろ紙でろ過するとどの位の水が流れたかによって水もちの程度が分かるということであった。土の量、水の量、時間を統制して実験すればいいことも分かっていた。

（オ）毛管力実験グループ
　プランターの例からヒントを与えてやった。プランターは、底に水がたまるので図をかいて見せた。生徒が考えたのは、バケツの中に水を入れて、それぞれ土の入った鉢を入れてどれが早く吸い上げるかということであった。実際には見えないので比べにくいからもっといい方法はないかともいった。
　ガラス管に土を入れて底を綿布とろ紙でしばりつける。水槽に入れて毛管力を調べる。これは私が考えていることと同じであった。

（カ）酸度実験グループ
　教科書にくわしくかかれているので実験方法は簡単であった。リトマス試験紙を使うということであったので、酸度が十分測定できないので万能試験紙を使わせることにした。
　ここでは何故蒸留水を使うかを考えさせたり、ピンセットを使うかも考えさせた。

（キ）さとうきび特性調査グループ
　このグループでは、さとうきびがいつ頃から植え付けられてきたか。植え付け時期、収穫時期、品種、性質などを調べさせることにした。

(2) 実験と実験結果の発表
　実験は、2時間連続で行った。各グループごとに実験器具を準備してやった。実験する前に整理用のプリントを配り、各グループごとに生育との関係でまとめるようにさせた。各自にまとめさせた。各グループでやった結果を最後に話し合って結論を出したかったからである。実験は各グループごとに予想を立てさせてからさせた。
　実験中、条件統制がうまくなされているのか、データの処理がきちんとなされているか安全に進められているかなどを気をつけさせた。

（ア）水はけ実験グループの発表
　これから沖縄の土壌の水はけ実験結果を発表します。1番水はけがよかったのが島尻マージ、次に国頭マージ、1番悪かったのがジャーガルでした。

実験の回数は14回やって、その結果、国頭マージは、140mℓ当たり73mℓビーカー（水）に入っていました。次に島尻マージは140mℓ当たり100mℓ。続いてジャーガルは140mℓあたり41mℓ（水）が入っていました。

　それから最初にビーカーに水滴が落ちたのは島尻マージで、実験を7回くりかえした結果水滴が落ちてきました。それから国頭マージとジャーガルは9回同じです。

　実験結果めずらしかったのは、土を通して水はすんでいたことでした。その結果、さとうきびを作るのに最も適した土は根の発育がよいから島尻マージがいいということでした。

（イ）水もち実験グループの発表

　沖縄の土壌の水もち実験結果を発表します。まず、水もちがよかったのはジャーガルで、次に国頭マージ、次に島尻マージとなっています。土5ccに、水20cc加えて、それをふって、ろ紙を通して、メスシリンダに入れ、どの位土が水を含むかを調べました。その結果ジャーガルが水もちがよく、国頭マージと比べると9ccもちがっていました。

　水もち実験ではジャーガルが1番よかった。3つの種類でさとうきびを作るとジャーガルです。沖縄は夏になるとひでりが多いのでジャーガルが被害が少なくてすむのでこれが1番いいと思います。

（ウ）毛管力実験グループ

　土壌の毛管力の実験結果を発表します。1番よかったのが島尻マージ、国頭マージ、ジャーガル。実験は30分やって、1番初めに吸い上げたのは島尻マージで、吸い上げたのは島尻マージで、吸い上げた高さは14cm、国頭マージが8.5cm、ジャーガルが6cmです。そして、さとうきびに適した土は島尻マージがいいことになります。そのわけは、他の土よりも水を吸い上げたからです。もしも、その下に地下水があった場合、水を吸い上げて根の働きを活発にして生育が盛んになるからです。

（エ）地力実験グループ

　これから地力の実験結果を発表します。実験方法は、希塩酸を作り、3種

類の土に希塩酸をかける。それで、希塩酸をかけて、1番多く発泡したのはジャーガル。次に島尻マージで、国頭マージは発泡しませんでした。発泡が多いのは石灰岩であるから炭酸カルシウムが多いことである。作物の肥料であるカルシウムが多い土は肥えていて地力がある。さとうきびに適した土はジャーガルである。

(オ) 腐植実験グループ

これから沖縄の土壌の腐植実験結果を発表します。

1番よかったのはジャーガルで、その次は島尻マージで、その次に国頭マージでした。ジャーガル 2.5% 腐植を含んでおり、島尻マージと国頭マージはそれぞれ 1% 含んでいました。ジャーガルが 1 番有機物の腐植を多く含んでいるので、葉や茎の生育がよいことが分かりました。ジャーガルが 1 番さとうきびの生育によいと思います。

(カ) 酸度実験グルー

僕たちのグループは酸度について調べました。国頭マージ、島尻マージ、ジャーガルの土に蒸留水を入れ、ふって沈殿した液に試験紙を浸して調べました。その結果、国頭マージは酸度 5 で酸性、島尻マージは酸度 7 で中性、ジャーガルは酸度 8 でアルカリ性でした。さとうきびに適した土は、島尻マージとジャーガルであることが分かりました。その理由は強酸性の土は微生物の活動がにぶり、土の団粒化がすすまなくなります。又、有効成分が欠乏しているから国頭マージは悪いことが分かりました。PH6 〜 PH8 の土は微生物の活動が盛んであり、島尻マージとジャーガルはさとうきびの生育に適していることが分かりました。

(キ) さとうきびの特性グループ

さとうきびの歴史は 1450 年長嶺安司陸民という人が明国でさとうきびの製糖法を学んだ。さとうきびの植え付けは 2 種類あって、まずは春植えといって 3 月の中旬に植えます。もう一つは夏植えといって 7 月から 8 月に植えます。収穫時期は 12 月から 3 月にかけて行われます。

さとうきびの収穫は、夏、国頭マージが 7.59 トン、島尻マージが 5.97 トン、

ジャーガルが11.49トンです。春には、国頭マージが5.11トン、島尻マージが3.56トン、ジャーガルが6.37トンです。

　今度は、島尻マージ、国頭マージ、ジャーガルについてのこれで収穫されるものをいいます。島尻マージはニンジン、ニガウリ、カボチャ、サヤインゲン、さとうきび、国頭マージは、パイナップル、カンキツ、さとうきび、ジャーガルは、カボチャ、ピーマン、サヤインゲン、さとうきび。これで3つの種類の土は全部さとうきびに適しているといえますが、なかでもさとうきびにあったものはジャーガルがいいということでした。

　それから皆さんはさとうきびさとうきびといいますが、さとうきびにも3種類あります。一つは読谷山種といって特長は茎が細く風に強いがとり高が少ない。1本のさとうきびから沢山の苗が生えてくる。毎年苗を植え変えなくてよい。次はPOJ 2725号というもので、茎が固いので1本のさとうきびから沢山の汁がしぼりとれる。風やかんばつに弱い。株出しには適しない。NCO 310、茎はPOJ 2725号よりは細く、読谷山種より固い、1本の苗から沢山のさとうきびが出てくる。ひでりにも強くやせ地にも育つ、株出しが何回でもできる。これで、今使われているさとうきびは、NCO 310号です。

T　ええと、発表する生徒も、聞く生徒も立派でしたね。すごい。
T　今、これから考えていこうね。みんなでね。（2つの表〈次頁〉を黒板に板書して、発表次第に書きこんだもの。生徒にも自分のグループ以外のものを記入させた。）
T　今、これから考えていこうね。みんなでね。今、2通りに分かれているんだ。島尻マージがいいのとジャーガルがいいのとありますからね。初めの時間に島尻マージと国頭マージがいいといっていました。ジャーガルは出ませんでしたね。これ（第2表〈次頁〉）見て、ジャーガルが多いから、ジャーガルがいいなあと結論を出すのは浅はかな結論の出し方だなあ。まず、それから考えていこう。一つ一つ検討してみようね。

第1表

班	1	2	3	4	5	6	7
土の種類＼実験の種類	水はけ	水もち	毛管力	地力	腐植	酸度	さとうきび
国頭マージ	○	○	○	×	×	PH5 ×	○
島尻 〃	◎	×	◎	○	○	PH7 ○	×
ジャーガル	×	◎	◎	○	◎	PH8 ○	◎

第2表

班	実験の種類	収穫量の多い土	理由
1	水はけ	島尻マージ	根の生育によい
2	水もち	ジャーガル	干ばつに強い
3	毛管力	島尻マージ	根の働きを活発にする
4	地力	ジャーガル	カルシウムが多く肥えている
5	腐植	ジャーガル	腐植が多く肥えている
6	酸度	島尻マージ	微生物の活動活発
7	さとうきび	ジャーガル	収穫量が多い

T 一般に分かるように、すぐ島尻マージ。水はけがいいので、島尻マージを答えられるなあ。ね。皆さんね。一体どのほうがいいだろうか。どれがいいか。2つのうち、どれが収穫が多いと思うか。これ（第1表）から考えていこう。

P 島尻マージ。

T 島尻マージは、水はけがいいわけだから空気の流通もいいし、微生物も住みやすい上に、更に水はけもよい。水を吸い上げる力もある。という点で優れた土ですね。中性土壌、非常に優れている。さとうきびの植え付けが何月から何月までか。

P　3月から4月。
T　これは、春植えの場合ですね。夏植えは。
P　7月から8月。
T　そうすると、収穫はいつか。
P　12月から3月。
T　そうすると生育期間が春植えの場合だったら1ヶ年かかるわけですね。
T　それじゃ、沖縄全体の天候から考えてみよう。島尻マージはどうですか。梅雨期はいつか。
P　5月から6月。
T　その頃はうんと雨も降りますね。その時期は生育もいいが。梅雨が上がって7月から8月はどうなるか。島尻マージは水はけがいいから。
P　乾燥しやすい。
T　乾燥しやすいですね。又、水もちも悪いです。今年度は異常気象で島尻マージの畑のさとうきびは、ほとんど枯れました。ちょっと生きているが全滅状態でした。
T　ならば、沖縄のひでりから考えてみて、次に悪いのはどれか。
P　国頭マージ。
T　国頭マージですね。じゃ、干ばつ期に強いのは。
P　ジャーガル。
T　ジャーガルがいいことになりますね。水もちがいい。水もちがいいということは、干ばつに強いということは絶対的な条件になりますね。
T　沖縄は雨が降らんわけだから。雨が降らないから灌水施設をしようとしても雨が降らないからできないでしょう。海水を淡水にするまでにできてない状態ですから。そのほかに優れている点はないでしょうか。
P　地力。
T　この地力というのは、カルシウムは、根の働きを盛んにする。島尻マージは琉球石灰岩が風化した土壌。ジャーガルは、泥灰岩土壌が風化したもの。板書―泥灰岩もともとこの（土壌地図）場所は海だったんです。海の下水のようなところだった。海のたまり場。海の泥。泥が集まる。魚や貝がら。生物の死骸が集まったところ。それが大昔、隆起してきた。泥灰岩が。無機物を多く含んでいるわけだなあ。カルシウム分を多く含

169

んだ結果になったわけだ。ですから地力。ジャーガルはカルシウム分を多く含んだ結果になったわけだ。カルシウムは根の働きに非常に影響を与える。それからもっといい点は。

P 腐植。

T 腐植が多いですね。有機物の腐ったものが多いですね。有機物は腐って無機物として根から吸収されますから肥えていますね。

T 微生物が活動しやすいのは酸度PH6～PH8までが1番いい。その中のPH7が最もよい。そうすると島尻マージが1番いいことになるわけだが、ジャーガルでも微生物は活動しやすい。微生物の活動が盛んであることは、土の粒子と粒子を分泌物でくっつけますね。くっつけて団粒化の働きがある。そうですね。

T じゃ皆さん、ジャーガルの欠点は何だろう。何ですか。

P 水はけが悪い。

P 毛管力が悪い。

T なんとか人間が改善しないといけないなあ。どうしたら改善できるか。

P 島尻マージを入れる。

T それでもいいですね。それから。

P 砂を入れる。

T それでもいいですね。それから。

P 有機物を入れる。

T それでもいいが、ところでこれを根本的に改善したいわけだ。畑は2メートルも3メートルも深いわけだ。どうしたらいい。土の断面がこうあるよ。水がずって下っていくわけだから、水もちがいいといっても根の生育に影響があるよな。どうするのこの畑を。島尻マージを入れるといったが、あんなことをしないで。根本的に改めたい。ジャーガルのよさを生かしたい。

P 排水溝作る。

T そうですね。排水溝を作れば根本的には改善できますね。

T （排水溝施設のカラーパネル写真40×40）cm）これ見てごらん。見えますね。ジャーガルの土に排水溝を作った施設ですね。上にハツポースチーロールが置かれていますね。上から下ってくる水をとってしまうわ

けだ。こういう施設を作れば水がジャカジャカとたまるわけでないだろう。水はけがよい土になるわけです。根本的にこのようなことをしないと水はけがよくならないわけだよ。

T　先ほどいったこともするともっといいわけですね。土壌改良ができるわけだね。

T　じや、沖縄で1番国頭マージが多い。国頭マージはこれはほんとにやせているな。やせてもパインが作れると疑問に思うだろう。あれは酸度が5。強酸性で傾斜地によくできる。乾燥地によくできる。島尻マージやジャーガルではできません。

T　それで、ここで国頭マージを改良したいわけです。どういう点に目をつけてやったらいいか。これ（第1表）から考えていってごらん。

P　地力。

T　そう。地力の面に目をつけないといけないなあ。

T　それから。

P　酸度。

T　地力や酸度に目をつけたらいいですね。腐植は堆肥を入れたらすぐできるだろう。目をつけていって沖縄にある資材を使って。あまり金を使わないで改良するにはどうするか。

P　泥灰岩を入れる。

T　泥灰岩のクチャですね。あれを入れればいいわけだ。国頭マージに入れたら中性土壌になる。地力もつく。栽培がうまくいくんですね。

T　今、例えば、これは国頭マージに植えたインゲンです。（カラー写真のパネル40×40cm）この畑と同じように、クチャを入れてインゲンを植えたんです。（カラー写真のパネル40×40cm）こんなにちがうんですよ。

P　すごい。

T　すごいでしょう。クチャを入れてこういうようにインゲンがものすごいほど繁っているでしょう。こうして地力もつけたんです。同じ日に植えたんですよ。こんなにちがうんですよ。

P　うそみたい。

T　うそみたいでしょう。だからこのクチャを入れて肥やす。インゲンの例でしたが、さとうきびにもあてはまるんです。

T 島尻マージは中性土壌だから微生物の活動も盛んだから何を主に考えたほうがいいですか。
P 水もち。
T 水もちを考えるにはどうすればいいか。水もちのほかに考えられることは。
P 地力。
T 水もちも地力も考えるにはどうすればいいか。
P クチャを入れる。
T クチャをいれたらいいなあ。島尻マージにもクチャをいれたらいいわけさ。こうやっているんですよ。6トン車1台で5000円で売っています。大きな山をくずしてね。普通のジャーガルだったらもったいないでしょう。国頭や島尻に持って行ってね。畑のところどころにクチャのガッパイの大きな固まりがあるさなあ。あの灰色になった固いやつ。ショベルではちょっとのことではたたないもの。風雨によってくずれていきますから。最初にそうして置くわけです。風雨によってやわらかくなったときにブルドーザーでかくはんする。
T 島尻マージのもう一つの欠点は浅いんですね。畑が浅いから農業機械でこのように深く耕やしているわけだ。(深耕しているカラー写真パネル40cm×40cm) いいですか。島尻マージはクチャを入れて改良するが、このように耕やして改良もするわけだ。
T そういうことで、生育班がジャーガルが1番よいと結論を出していましたね。それから国頭マージがいい、次に島尻マージ。島尻マージは水もちが悪いから乾燥しやすく生育しません。又、畑が浅いから根の生育もよくありません。国頭マージは島尻マージよりも水もちがいいし、畑も深いんです。だからジャーガル、国頭マージ、島尻マージがいいといったことはあたっています。ただし、さとうきびは1年間を通して育てるからなんですよ。短期間で育てるものだったら、それぞれの畑の土壌に適した作物はあるんです。生育班が発表していましたね。しかし、土壌改良すれば、国頭マージ、島尻マージでも生産力をあげることができます。それでもしさとうきびを作るにはジャーガルが地力もいいし、水もちがいいから最も適しているわけだ。このジャーガルは世界的に有名な

土でね。アルカリ性土壌は沖縄にしかないんだ。カルシウムを多く含み地力のある土壌で本土にもなく世界的に有名な土壌です。
T　昔の人は大変だったわけです。昔からさとうきびは栽培されていました。山原（国頭）の百姓は島尻（南部）の百姓とでは同じ面積を持っていても、島尻の農家は生産力もあって豊かだった。山原の人は那覇にまきを持って来て売っていた。一生懸命稼いでいた。皆さんのお父さんやお母さんには山原の方はいるだろうし、宮古、八重山の方もいるでしょう。土壌が改良されてきたのはごく最近のことです。
T　今日で5時間にわたって勉強しました。沖縄には素晴らしいジャーガルがある。国頭マージはやせているがクチャを入れて改良できるんだなあ。島尻マージもクチャを入れたり、深耕したりして改良すればいいんだなとか。クチャは水はけが悪いから排水溝を作って水はけをよくすると沖縄の農業はこのように振興の方向にすすんでいます。皆さんは沖縄に育ったから沖縄の土壌について知って欲しい。沖縄の民話で「耕やして朝づゆでいも植えられた」という土は何ですか。
P　ジャーガル。
T　これで終わります。

V　実践を終えて

　3年生6クラスにそれぞれ5時間続けるのは大変であった。授業はそのつど改善していいものへと努力してきた。沖縄の民話と土壌の授業とどう結びつくのかとたびたび考えることがあった。土壌と苦闘した百姓の生き方、人間が生きていくための知恵、自然に真正面から取り組んだ姿をくみとって欲しいと思っていた。同時に、沖縄の方言は、今の中学生にはもう使えなくなってしまった。その方言をいくらかでも理解して欲しいと思った。そのために、テープを聞いて、分からないところをメモしておいて、あらすじをつかまし、更に、録音を聞きながら解説して理解させた。最後に確認として共通語で聞いた。生徒には録音を聞きながら解説したのが分かりやすいということであった。生徒がどんな民話であるのか、どんな内容なのか、知りたい欲求が強かったからである。その民話を単なる民話としてとどめるのでなく土の

しくみと結びつけていった。「土のしくみ」の教材で単粒構造、団粒構造について学習しているので、民話にあった米ぬかのように耕やすことの意味がはっきり理解できていた。それが一つの条件ともなった。同じ面積に、同じ苗の本数にした場合、収穫量が同じかどうかと一つの課題を提示した。収穫量が違うのであればどういう理由によるか。そこを生徒に追求させていった。土の性質の違いによって収穫量が違うということになったが、果して、どの土壌がいいのかと予想させてみたら島尻マージ、国頭マージの２種類をあげただけでジャーガルが出てこなかった。鉢用土の「培養土の作り方」の教材で、水はけのよい土、肥えている土などがいい土壌だと学習しているので当然のことだろうと思った。見た感じ、手にさわった感じでやっているので、その限りにおいては正しいと思った。しかし、どちらが収穫量が多いかという課題に対する満足するような答えではないので、実験による検証が必要であるとして授業をすすめていった。私としては、収穫量を決定する土壌の性質を実験で追求することの面白さも味わってもらいたいと思っていた。実験グループの編成も、生徒の興味、関心を中心に編成した。実験をやりたいものをやるわけだから生徒には生き生きとした笑顔が見られた。６つの実験と一つの調査の７つの班（グループ）に編成して、それぞれの６つのグループに、実験目的をはっきりさせ、予想を立てさせて、実験方法も生徒自身に考えさせた。そして、土壌の性質と生育との関係で、グループごとに結論を出させるようにした。画一的に一つの実験をやるというのでなく、異なる実験をやることは生徒にとっては今までになかっただけに、とまどいもあったが一つの実験に責任をもって真剣に取り組んだのは素晴らしいと思った。生徒のグループごとの発表では、教室は水を打ったように静かになり集中して聞いていた。

　私にとっても、どういう結論が出るのか興味があるものであった。それぞれの結論から、さとうきびの収穫量の多い土壌はどれかと吟味に入った。グループの結論がはっきりしているから授業はすすめやすかった。土壌改良の具体的なカラーパネル写真を提示した時にはびっくりしていた。生徒が考え出したことが現実的に沖縄の土壌改良として行われているからである。生徒の可能性を引き出すことができたと思う。この授業を終えて生徒はいろいろのことを豊かに学びとることができたようである。

沖縄の百姓は昔から自然の災害にめげずに努力したとか、昔の人は朝づゆでもいも栽培できるように土を研究したとか、昔の人は勤勉だったとか、偉かったとか、民話から学びとっていた。又、土はどれも皆同じだと思ったが作物に適した土があることが分かったとか、国頭マージの地域にさとうきびが多いので地力が1番あると思っていたがジャーガルがいいと聞いてびっくりしたとか。ジャーガルの母岩であるクチャは本土にもない肥えた土で、沖縄のあらゆる土壌改良に使われている貴重な土であることが分かったので、今後もっと勉強してみたい。沖縄の特産物であるさとうきびをどの土にもできるようにたやさないで欲しい。などの感想があった。私は、この教材が身近なものであるだけにどうしても生徒のものにしたいと思っていた。土にあまり親しまない都会の生徒にこれだけ身につけさせることができたことはよかったと思っている。

参考文献
(1) 現代農法百科　武川満夫・政江・富民　協会
(2) 土は呼吸する　薄井　清　社会思想社
(3) 農林土壌学　川村・船引　養賢堂
(4) 土　壌　学　高井その他　朝倉書店
(5) 「沖縄における土づくり　良い土をつくるための基礎知識」
　　 沖縄県農林水産部
(6) 農業実験　新農業教育研究会　農業図書
(7) 土・肥料　実教出版
(8) 教授学研究10　斎藤喜博編　国土社

第9節　郷土の技術文化から学ぶ技術科授業
——アジマックヮの製作——

1　板材加工の基礎的教材—1ℓの升の製作

　板材加工の基礎的な教材として本立てや本箱の教材がよく取り上げられてきた。板材の作品製作を通して木工用工具、用具の基礎的な技術を習得させることを目的としたものである。　私は基礎的な教材として1ℓの升の製作をさせた。製作を通してこれまでの工具の基本的な使用法は一通り学習した。本立てや本箱のような考案設計はなく規格通りの升を作ることであるから、間違いなくすみつけをさせるため直角定規・さしがねの使い方をしっかり身につけさせた。また、正確に切断させるために鋸の切削のしくみや鋸の使い方の基本を押さえた上で切断させた。平鉋の調整と平鉋の使い方の基本を押さえ、こば・木口を平鉋で加工させた。すみつけを丁寧にさせ平鉋の部品の仕上げがうまくいくように特に留意した。机間巡視で指導を徹底した。平鉋の調整の仕方が部品の仕上げに大きく影響するので鉋がけは慎重を期した。
　部品加工を終えると部品検査である。作品の組み立てとなるが木材の性質を考慮してボンドを適切に接合面に塗らした。釘頭をつぶしてを約三分の一の深さまで三つ目錐で下穴をあけて板が割れないようにした。玄能の球面と平面の部分を使い分けてペアを組んで接合させた。ボンドのはみ出しは乾いた布で綺麗にふきとらせるようにした。
　紙やすりの少しあら目の120番で表面仕上げし最後に240番で仕上げさせた。トーチで焼き杉して木目を浮き立たせるようにした。風の向きを考えさせて安全に焼き杉実習をさせた。本立てや本箱の製作に必要な工具は升の製作でも必要な工具であり基礎的技術は身につけさせることができた。升の中に宝を作るという工夫はできないが四隅を直角にするという正確さが求められる。二人がペアになって協力して仕事を進めることの大切さを学ばせることができた。

2 木工1板材加工の発展教材——アジマックヮの製作

　昭和52年9月以降守礼門製作の教材を取り上げていた頃実物の守礼門を度々見に行った。守礼門近くでアジマックヮ販売している老大工さんに出会った。山原の船大工は梅雨期、台風接近などで漁に出られないとき、小遣い稼ぎでアジマックヮを作っていた、と話されていた。

　今では量産されているだろうがこれが沖縄県のアジマックヮ製作のルーツかも知れない、と思った。

　昭和54年4月1日城北中学校から那覇中学校に転勤して4年目の昭和58年に生徒の持参したアジマックヮと再び出合った。生徒にとっても一番困難と思われていた「守礼門」の4分の1の縮尺模型を木工2の教材として取り上げた経験から「アジマックヮ」は、1年生でも生徒の可能性を信じて取り上げることにした。教師が難しいと思っていても生徒はいい考え方を出し、はっとさせられることがある。これまでの指導では教師が分かっていること、指導要領に示されていることを生徒に分かりやすいように理解させることであった。作品製作上の課題解決においては教師よりも思いもよらないよい解決策をもっているものである。

　アジマックヮの製作で次のことが期待できる。

1、さしがね、直角定規の使い方がより慎重になり、作品の製作に真剣さが出てくる。作品製作に緊張関係が生じて、作品製作に対話が生まれる。
2、角材を加工してアジマックヮにする製作工程で鋸・平鉋の使用が多くなり、これらの工具の使い方を一層身につけることができる。
3、加工工程で新たにのこやすり、のみ、糸のこ盤の使用が加わり製作に興味・関心を高めることができる。
4、心地よい緊張感によって製作に対する充実感、達成感を味わせることができる。
5、沖縄の技術文化を学ばせることができる。難しい作品製作に挑戦させることができる。

この実践は河原政則編著『「授業方法の開発・展開・実践」タイムス　昭和63年』に所収されている。

郷土の技術文化から学ぶ技術科授業
―― アジマックヮの製作 ――

(1) この実践を取り上げるまで

　教科書教材の本箱を取り上げる前、工具の基本的な使用法を習得させるために、1リットルの升の製作をさせた。製作が終わりかけた頃本箱製作の予告をした。小学校でも製作しているせいかあまりいい反応ではなかった。本箱以外にいいものがあったら調べておくようにと課題として与えておいた。

　数日後、A君がアジマックヮを持って来て、「先生、この枕どうして作るの。」と珍しそうに聞くのであった。数年前、守礼門付近で、老大工が販売しているのを見かけたことがあった。そのときと同じ経験をしているのであった。「本箱の代わりに作ろうか。」と聞いたら、さも嬉しそうに作りたいという返事がかえってきた。皆んなの意見を聞くことにした。

　授業で、本箱とアジマックヮとどっちを作ろうかと尋ねた。

生徒「先生、これ何ね。」
教師「アジマックヮといってね、昔から沖縄の人が使用していた枕だよ。方言で、「アジ」とはね、十字に交差しているところをいうんだよ。「マックヮ

とは枕のこと。」こうするとアジになるだろう。」

教師「どんなして作るのだろう。2枚の板を組み合わせたのかな。」ゆっくりたたんだり、組み立てたりして生徒に尋ねながら進めた。

教師「ほら、よく見てごらん。2枚の板をどうして組み入れたのかな。」
しばらくして
生徒「先生、角材を使ってあるの。」
教師「どうして分かるの。」
生徒「木材の繊維の方向が同じだから。」
教師「たたんでみようね。繊維が同じ方向だね。角材から作ってあるの。」
教師「どうだ、作ろうか。難しいが挑戦してみようか。」
生徒「うん、やろう！！　やろう！！」

と、大ぜいの生徒が返事した。わずか数分の間であったが、集中して授業に聞き入った。

生徒にも好奇心を起こさせる教材であるし、教材内容も本箱教材よりも豊かなものであるので、「アジマックヮ」を応用発展教材として取り上げ実践した。

(2) アジマックヮの製作

〈1〉 考案設計

アジマックヮの材料から決めることにした。使用目的は枕であるので、杉、ラワン、アピトン、桧、楠等の具体物によって考えさせることにした。手でさわったり、鋸で切ったり、のみで引っかいだり、匂いをかいだりさせた。枕にふさわしい香りがよく、材質の緻密な楠に決めた。

考案設計は、従来なら、構想図を用紙に書いて、機能、構造、加工法、材料等の観点から検討して構想表示をして作品を決定する。

この教材では本箱や本立てのようにはいかないので、材料に下書きさせることから始めた。(写真1)

製作が可能かどうか、納得のいくまで検討

写真1

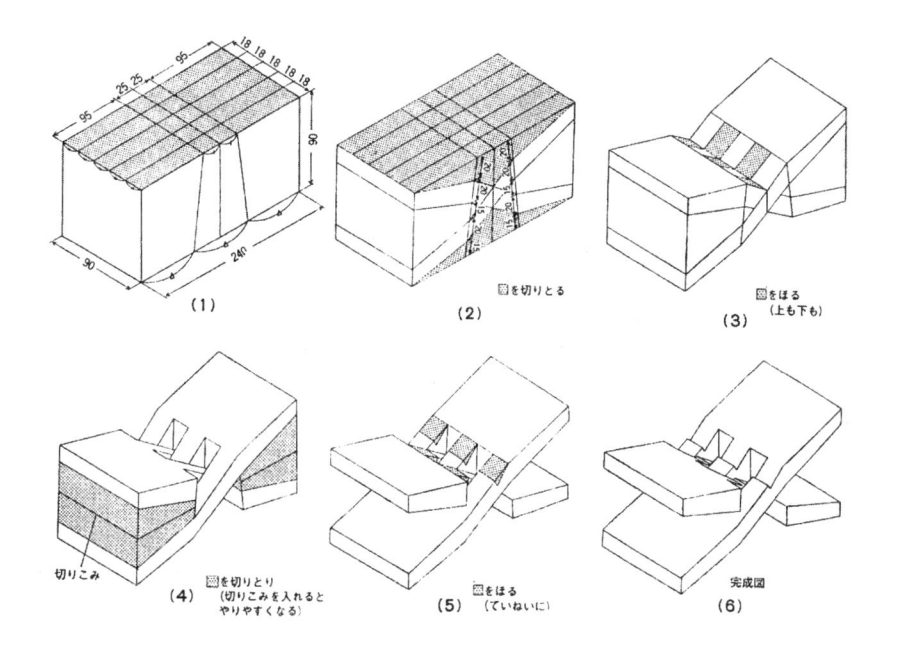

させることにした。納得した段階で製図用紙に構想図を図示させた。

（図（1）〜（6））この構想図は、加工の順序を表し、いわば加工工程であるが、ここまで考えさせるまでにずい分時間がかかった。

図（1）を考えさせる時には、アジマックヮによって枕面はすぐ分かるが、側面（　　　^a_b　）の部分が分かりにくい。そこで使用上aとbを同じにしたらどうなるかと考えさせることによってaとbの長さの関係が理解させることができる。bの長さは使用状態によって決定することができる。

図（2）は使用状態から考えさせると容易に理解することができる。

図（3）はどうすればうまく交差させることができるかと考えさせることによって、のみで穴掘る位置が決められる。

図（4）は、図（3）との関連で、どうすれば切り離すことができるかと考えさせることによって、切り込みの部分を理解させることができる。

図（5）は、枕を安定させるためにはどうしたらよいかと考えさせると理解させることができる。切り込みを入れることによって厚さが小さくなるの

で、荷重に耐えられるかどうか検討しなければならない。初めからこの部分を含めて検討すると難しいので、材料に下書きする段階でやると理解させやすい。荷重に耐えられないときには修正させる。

このようにしてマンツーマンで検討して、図（6）のような構想図を完成させた。

〈2〉 製作の計画

考案設計が終わると製作の計画を立てさせた。製作工程、使用工具、製作予定時間、政策上予想される困難点等を生徒に決めさせた。これまで、あらかじめ教師が指示する場合が多かった。これでは主体的に工具とのかかわりがもてないので、製作に必要な工具を各種準備をして生徒自ら実験をして最も適当と思うものを選択させることにした。例えば、削る工具をとってみると、平鉋、鋸やすり、木工やすり、のみ等があり、どの工具が加工段階で最も適切か、計画の段階で練らすことにした。生徒自身に工具を選択させることが工具との主体的なかかわりをもつことになり、加工段階における工具の本質に迫ることができる。

計画の段階は、製作、加工のイメージを広げ、加工の吟味、工具の選択、心構え等をさせた。

〈3〉 製作実習

いよいよ構想図や製作計画に従って製作となる。製作実習は、次の順序で進めた。

（ア）すみつけ
（イ）工具の使い方
（ウ）枕上下面の切断
（エ）枕上下面の加工
（オ）枕側面肉部の切断
（カ）交差面の切断と加工
（キ）組立・調整
（ク）表面仕上

すみつけは、構想図に従って2時間で終わることができた。(写真2)すみつけ前に、枕面をどこにするかをまず決めなければならない。節、木目の方向を調べさせる。節は加工時における破損の大きな原因となるので気をつけさせる。すみつけが終わると生徒同志点検させ、最後に教師が点検して、悪ければその原因をつきとめて修正させる。修正後に製作・加工ということになる。生徒には完成後のイメージを描かしながら慎重にすみつけをさせた。すみつけは、製作・加工段階で作品の良し悪しに決定的な影響を与えるので、生徒も教師も慎重に、しかも緊張のうちに終わることができた。

写真2

　工具の使い方は、実際場面に即して指導することが効果的であるが、一般的な使用法と安全に仕事をすすめることができるように30分かけてやった。細かいことは実際場面で扱った。

　枕上下面の切断では、横びき鋸で切り込み、のみで削り、鋸やすりで加工する方法と縦びき鋸で繊維方向に切断し、鋸やすりで加工する方法とがある。教師が一方的に決めるのでなく、予め生徒に決めさせて加工させることにした。加工がすすむにつれて生徒の中には予定を変更して適切な方法で加工するのが見られた。加工時に工具の特徴を見分け、工夫して能率的に仕事をすすめることができた。

　これが終わると、枕上下面の加工となる。切断によってすみつけ線がなくなるので、面をきれいにしてからのみで加工するためのすみつけをさせる。その後にのみで加工することになるが、のみをどのように使うかによって、切削の状態、能率も違ってくる。実習場面で、ヒントを与えたり、どのように使えばよいか考えさせることにした。加工時の失敗を未然に防ぐために、実験をしたり、示範をしたりする場合がある。この方法も理にかなったものであるが、正しい使い方を教師が強調するあまりにかえって工具使用時に、生徒を萎縮させてしまい工具の機能を十分発揮させることができない場合がある。この弊害をとり除くために、作品の仕上がりに決定的な変化がない限り加工上のミスを大胆に許容することにした。ミスするとしかるのでなく、どうしてそうなったの、もっといい方法がなかったのかと考えさせる。実際

場面でマンツーマンで指導すると効果があった。また、うまくやっている生徒にはほめてやり、製作・加工の意欲を盛り上げることにした。上下面ののみによる加工が終わると形がずい分変化する。生徒の実習にずい分熱がこもってくる。生徒がここまでこぎつけたらあとひといきだぞとほめてやる。

写真3

　大きな山場を乗りこえたことになる。(写真3)

　次に枕側面肉部2か所の切断に入る。(写真4) 切断の方法には、2回で切断する方法、3回で切断する方法の2通りある。これも生徒の工夫によって加工させた。この実習では木工万力に挟んで鋸びきするので、挟み方が悪いとこれまでの努力が水の泡となるから示範によって具体的に指導した。実習の際、姿勢が不安定となるので中腰に安定させなければならない。ユーモアを交じえながら洋式水洗トイレに腰掛けるイメージで腰を安定させ

写真4

写真5

ることにした。腰が浮いていると力が入らないので特に個別指導を徹底した。2か所の切断が終わると製作・加工の80%は終わることになる。喜びも一段と高まり、完成へあと一歩ということになる。

　交差面の切断と加工では、交差して折りたたみができるように、4か所をボール盤で穴をあけ、糸のこ盤で切断し、更に、廻し鋸で分離しやすいようにする。(写真5) 昔は馬の尻尾でやったところであると説明し、昔の人の知恵の素晴らしさと糸のこ盤の便利さを身をもって理解させる。この段階で、切断してもなかなか動かず分離できない場合がある。ここで急ぐと失敗してしまい、これまでの苦労が水の泡となるから動かない原因がどこにあるか考えさせる。グループの生徒と一緒に考えさせる。原因を見つけると、慎重に、しかも丁寧に、ゆっくりゆっくり加工させる。緊張の時間がしばらく続く。生徒は必死に作品と対面する。これでよいと判断したときには再び動かして

分離させることにした。分離するとき、どこからとなく生徒がまわりに集まる。生徒はかたずをのんで分離の瞬間を見守る。動いた瞬間、「やった！！」という歓声が沸き上がる。教師も生徒も握手し合って喜びあった。分離の瞬間は、この製作・加工実習のクライマックスであった。

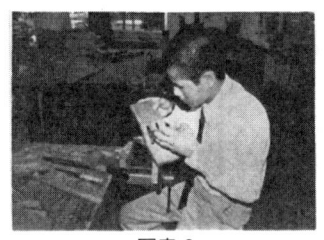

写真6

最後に、組立、調整、表面仕上げとなる。枕を安定させるために切り込むがあまり深く切り込まないように注意した。のみの使い方と作品を万力に挟むとき、破損しないように特に留意した。あとは、紙やすりで丁寧に仕上げて実習を終えた。（写真6）

(3) アジマックヮの題材について
1　アンケートの結果

この実践は、1983年度に行ったものであるが、実習後次のようなアンケートをとった。

(1) 本立てとアジマックヮはどっちがおもしろいか。
　（ア）本立てがおもしろい（2人）
　（イ）アジマックヮがおもしろい（83人）
アジマックヮがおもしろい理由。
　①　のみなどのいろいろな工具を使う。（32人）
　②　細かい作業で真剣にやる。（16人）
　③　難しい。（14人）
　④　形が複雑で動きがある。（10人）
　⑤　作ったときの成功感、充実感。（8人）
　⑥　自分で使う。（3人）
本立てがおもしろい理由。
　①　簡単。（1人）
　②　作りやすい。（1人）

(2) アジマックヮ製作でおもしろかった工具をあげなさい。
　① のみ。(75人)
　② 平かんな。(18人)
　③ のこ。(13人)
　④ さしがね。(3人)
　⑤ 直角定規。(1人)
(3) アジマックヮ製作で勉強になったことは何か。
　① 細かいところができるようになった。
　② 作る難しさが分かった。
　③ 作る楽しみを味わった。
　④ 昔の人の知恵、苦労が分かった。
　⑤ 真剣にしないと失敗があること。
　⑥ 失敗しないようにと一生懸命にやるので真剣さが出る。
　⑦ こつこつとあせらずにやること。
　⑧ どういうふうにやったらきれいにできるかを考えること。
　⑨ 一つの木材でアジマックヮができること。
　⑩ 正確に作ることができる。
　⑪ 少し間違うと失敗につながること。
　⑫ 根気強く最後まで頑張ればできるということ。
　⑬ 頭を働かせて作ること。

　以上、アンケートの結果からいえることは、本立てよりもアジマックヮが圧倒的におもしろいということである。授業の初めにアジマックヮを提示して何に使うのだろう。どのように製作したのだろうと発問したとき、2枚の板を組み入れたという生徒、1個の角材から加工したという生徒の2つの意見に分かれた。どのように組み入れたか、どこにも継ぎ目がないことから木材の繊維の方向によって1個の角材から加工したことが分かったときの生徒の驚きは大きかった。生徒に好奇心を抱かせ強い動機づけをすることができた。
　この題材の製作・加工で使用した工具を上げると、さしがね、直角定規、のこやすり、のみ、平かんな、廻しびき鋸、金づち、木づち、錐、機械として、ボー

ル盤、糸のこ盤等であった。この中でのみなどのいろいろな工具を使うことがおもしろかったと上げているのが注目される。のみなどのいろいろな工具を使うということは一体何を意味するのだろうか。1年3組の上間博幸君の感想を上げてみたい。「僕はアジマックヮを完成させて1番最初に思ったことは『やった‼ ついに完成したぞ‼』ということです。その時の気持は非常にすがすがしく、晴々とした気分でした。きっと一生の想い出になることだろうと思います。それから、特に印象に残っているのは、のみを使ったところです。一つ一つ丁寧に落としていく、あの感覚が、いまでも手にこびりついて消えません。その時の気持ちも、人がやるんでなく、『自分で苦労し、自分で完成させるんだ。』という感情がひしひしとこみ上げなんともいえない充実感にみたされていました。そういう気持ちの中での完成した時の喜びは、なにごとにもかえられません。一生がい忘れることのないけいけんと思います。」（傍点筆者）

このことからいえることは、のみ等の工具の原則と身体の原則がぴったりしていて、適度の緊張関係を保ち製作・加工を楽しくしていることを上げることができよう。

また、アジマックヮの製作で勉強になったことを上げさせると、細かいところができるようになった、作る難しさが分かった、作る楽しみを味わった、こつこつと根気強くあせらずにやること、少も間違わないで正確にやること、考えて仕事をすすめること等を上げている。

これらのことは、技術習得のみならず、現代っ子に欠けている「根気強さ」、「製作の難しさ」、「製作の楽しさ」等を学習させるのに適切な題材であったと考える。

2 教材の系統性

応用的発展題材には、基本的題材の発展性があるかということが問題になる。この題材には発展性があったと考える。

すみつけについては、板材より角材へと発展性があった。本立や本箱よりも寸法誤差の許容範囲が小さいためにすみつけは正確にしなければならなかった。

鋸びきの場合、板材から角材の切断となるので、特に引き込み角度や引き

込む姿勢が重視される。切断量が多いために鋸びきの技術の習得に役立った。

　木材の表面加工の場合、木材の繊維の同一方向から削るという基本から斜め方向へ削るという発展性があった。鉋で表面加工の困難なところは鋸やすりによる表面加工が新たに加わった。

　中学校第1学年の木材加工1では、のみによる加工の位置づけはなく、第2学年の木材加工2のいすの製作で取り上げることになっている。この題材では、たたきのみ、つきのみの使用法を取り上げることができ、より多く学習させることができた。特に、のみによる加工が中心となるので、金づちの使い方ものみと木材と対応して使うために緊張関係が作り出され技術の習得に役立った。

3　技術的態度

　技術的態度とは、見通しをもって、安全に仕事をすすめることができること、問題解決場面にあったとき、これまでの知識・技能をもって工夫して解決できる能度をいう。

　この題材の場合、2枚以上の板材で木工製品を製作するのに比べて1個の角材から2枚の板にして仕上げなければならない。

　従って、見通しをもって計画的な仕事が求められる。また、加工場面でも問題解決場面が多く、そのつど解決しなければならないから工夫して仕事をすすめる技術的態度を養うことができる。

(4) む　す　び

　これまで鋸びきの練習題材として「ポニー」が成果を上げていると報告されている。また、木製スコヤ、ミニトラック、本立、浴用こしかけの中でミニトラックが最も興味関心があったとされている。これらの共通していることは、角材を加工して、目的の製品を仕上る時の形の変化に興味を示しているといえる。

　アジマックヮも同じことがいえるが、板材加工の基本題材を学習した上で応用的発展題材として適切であると考える。

　また、アジマックヮは、昔から郷土沖縄にある木枕として広く愛用されてきた。今では少なくなってきたが郷土の技術文化を理解させる上からも適切

な題材であると考える。

〈注〉
(1) 野原清志「アジマックゥ⑦を用いた授業の展開―第1学年木材加工1の応用的題材―」『教育方法研究学会誌』
第2号　昭和61年12月8〜10頁。
(2) 前掲書　11〜12頁。
(3) 前掲書　12頁。

第10節　手工科教授実践の史的考察
　　　──木材加工教材に注目して──

1、稲垣忠彦先生との出会い

　「稲垣先生との出会いは、1972年教科研教授学部会夏の大会でありました。その後、教授学部会は独立して教授学研究の会として発足しました。教授学研究の世話人のお一人に稲垣先生がおられまして実践報告のときには先生から直接ご指導をいただくことができました。先生は東京大学にお勤めになりながら教育現場の先生方の実践を軸にして、共に学び合うという謙虚な教育学者であります。
　大学の先生といえば非常に堅苦しく近よりがたいのですが、先生は現場の教師の実践を大切にされ適切にアドバイスされるので、私などは先生から随分ご指導をいただきました。遠く沖縄からの一教師の実践にも懇切丁寧にアドバイスされ、その都度実践への課題を明確にでき実践意欲がわいてきました。先生は教育方法史を専攻しておられますので、私が、兵庫教育大学大学院で「手工科教授実践の史的考察──木材加工教材に注目して──」の研究をするにあたっても先生から直接ご指導をいただきました。
　先生が小学館の月刊誌『総合教育技術』に紹介したいとの申し出があったときには一瞬戸惑ってしまいましたが、これでわたしに直接的にも間接的にもご指導して下さった学校長、教頭、先輩、同僚、友人の諸先生方へのお礼の証しにもなればと思い資料提出を快く引き受けた次第です。従ってこの本の中で、「教師の個性、授業の個性」と紹介されているのは、諸先生方の温かいご指導とご支援の賜物と深く感謝いたしております。今後とも教師として、授業実践を追究してよりよい授業実践を築いていきたいと願っています。宜しくご指導をお願い申し上げます。」
　以上の挨拶文は、1988年7月28日　那覇地区技術・家庭科研修会の日研究会員に宛てたものである。
　月刊誌『総合教育技術』に千葉大学教授・坂本昇一氏が「教育話題の一冊」

として、小学館刊稲垣忠彦著『授業を変える——実践者に学んだこと——』紹介文を同封してお配りしました。

　稲垣忠彦先生は東大の大学院で研究された学位論文「明治教授理論史研究」を1966年評論社から刊行しておられたので非常に興味があった。大学を卒業してよい授業を求めて同僚とヘルバルトの「一般教育学」（三枝孝弘訳—明治図書）の本の読書会をしていた。深く理解するまでには至らなかったが学級経営や教育全般について情報交換するのが楽しいものであった。

　琉球大学の教育方法の講座でヘルバルトの教授段階説が明治時代の学校教育に大きな影響を与えていた、といわれていたが、稲垣先生は現場の実践で検証された。明治時代の日本の教育実践を検証され教育界に大きな功績を残されたことに感銘を受けた。

　1967年東大に着任して1992年東大を定年退職するまで26年間現場の教師と実践検討会第3土曜の会をもたれ授業実践を実践者と共に授業を学んでおられる。稲垣忠彦著「『授業研究の歩み——1960〜1995年』評論社」

　東大退官され滋賀大学に着任されてから授業カンファレンスという新しいタイプの授業事例研究を提案し、授業実践研究会の革新を目指している。稲垣忠彦著「教育実践と教育研究の架橋を求めて——瀬田河畔より——」従来の授業研究会は一つのテーマの基に皆で指導案を作成して授業実践後にどのように授業が展開されたか、うまく展開するにはどうしたらよかったか、と反省して次の授業実践に役に立てようとするものである。カンファレンス事例研究会は参加者が対等の立場で意見を述べ合うので自ずから授業研究の質を変えることができる。参加者は多くのことを学び力量を高めることができた、と著書で述べている。稲垣先生の開かれた授業事例研究は今後多くの共鳴者を得て発展することが期待される。

　教育学者が外国の教育理論を導入して一時的にブームを作り出しても教育現場の実態にそぐわない教育理論は実践の改善に繋がらないと思う。教育現場と密着してこそ真の革新になるし現場に貢献することになるものと考える。先生の著書には「現代日本の教育—状況と創造」（評論社）「授業における技術と人間——教授学ノート」（国土社）「アメリカ教育通信——大きな国の小さな町から」（評論社）「学校を変える力」（評論社）、「戦後教育を考える」（岩波書店）「授業を変えるために——カンファレンスのすすめ」（国土社）、「授

業研究入門」(佐藤学と共著)(岩波書店)、編著書として「戦後日本の教育改革　第6巻教育課程総論」「子どものための学校——イギリス小学校から」、「教師のライフコース——昭和史を教師として生きて」「日本の教師文化」(いずれも東京大学出版会) その他に「生活科」に関する参考図書など多数教育現場革新に関わるもので教育現場と密着した教育書である。

　現在は信濃教育会教育研究所の所長として教育現場の教師の研修に当たっておられる。

手工科教授実践の史的考察
―― 木材加工教材に注目して ――

　中学校の夏休みの宿題に「本立て」があった。私は、側板を階段のように変化のあるものにした。図工科の担任から上手だね、と褒められた。今みたいに材料がすぐ手に入る時代でなく材料の素麺箱をやっとの思いで探し求めて作ったものだから嬉しさもひとしお大きかった。

　大学を卒業して技術・家庭科の教師として教壇に立ったら本立ての教材があることに疑問を感じた。中学校のときの教材が教科書教材としてあるのはなぜか、生徒に本立て製作を通して指導要領に示された基礎的技術を身につけさせるためにあるのだ、と思うのであった。

　教科書では本立ての参考例が示されているので戦前の手工科の本立て教材とどう違うのか、相違点を明確にすることで技術・家庭科教育の実践が豊かになるのではないか、と思いつつ実践を工夫しながら進めてきた。この研究実践は兵庫教育大学大学院で研究した「手工科教授実践の史的考察―木材加工教材に注目して―」の一部をまとめたものである。

1　研究の目的

　技術・家庭科の原型となっている手工科の教授実践の史的考察をすることを目的とする。

　手工科教育の体系的な研究には細谷俊夫・原正敏の研究がある。

　細谷は明治19年（1886年）に手工科が加設されてから大正末期までを対象として法令を中心に手工科の変遷とその特質を明らかにしている。法令のあり方と手工科の性格づけが手工科の振興に大きく影響したとしている。

　原は、手工科の加設から昭和初期までを対象にして、法令や外国の手工教育理論の影響を中心に手工科の変遷と特質を明らかにしている。1890年前後の手工科の導入、手工科講習会、手工教科書及び教授書、手工科の不振と要因等を細かく調べている。

　細谷と原の手工教育研究の共通点は法令を中心に、制度上から手工教育の

変遷とその特質を明らかにしていることである。

　技術・家庭科の教材編成と授業実践に携わり23年になるが細谷、原の優れた研究でも授業実践の実態が必ずしも明らかにされているとはいい難く、教授目的によって教材がどのように選択、配列されていたか、教師、教材、生徒との関係等をとらえることができない。そこで、本研究では木材加工教材に注目して、手工科の教授目的、教授内容、教授方法、教授実践等の史的考察を行いたい。

1　手工科教授目的
(1)　教授目的設定までの経過
　　手工科加設の法的根拠
　　明治19年（1886年「小学校令」の「小学校ノ学科及其程度」
　　☆尋常小学校には加設されず高等小学校のみであった。
　　　尋常小学校に加設されたのは明治23年（1890年）勅令第215号「小学校令」の改正の時法令の上での教授目的が示されたのは明治24年（1891年）文部省令第11号　明治24年（1891年）手工科教則大綱であった。
　　　「第十二條　手工ハ眼及手ヲ練習シ簡易ナル物品ヲ製作スルノ能ヲ養ヒ勤労ヲ好ムノ習慣ヲ長スルヲ以テ要旨トス」

(2)　手工科教授目的
　　背景　明治20年（1887年）手工講習会の席上
　　森文部大臣の訓示の要旨
　　　1　勤労の習慣の養成
　　　2　職業的能力の付与
　　　3　筋骨・感覚の訓練

　眼及び手を練習心身の調和的発達を担う純然たる普通教育になり経済的目的におけば職業準備教育に陥るばかりでなく普通教育の弊風を取り除くために手工科の教科内容と関係のない学校作業、工場見習い作業を課することができるような曖昧な性格ずけであった。

曖昧な性格ずけは厳しい学校経営を支える学童貯金に結びつき手工科加設にマイナスになってしまった。手工科が国家要求に応える人間を育成するという大きな課題を担ったために、教育的目的と経済的目的の二重構造になった。

(3) 手工科教授内容
明治19年（1886）高等小学校に手工科　加設
明治21年（1888）検定教科書　3冊

① **小学校　小学校用　手工篇　瓜生　寅**
  1　職工の仕事を理解させること。
  2　工業は、家や国を富ませる源であることを教えること。
  3　工業に従事すると立身出世することを教えること。
  4　職工がいい製品を作るには工夫創造が必要であることを教えること。
  5　工業製品の合理化の必要性を教えること。
  6　男女の貧富を問わず、工業の概略を教えること。

教授目的は、殖産工業の担い手となることができるように工業知識を身につけさせる。

教材内容
    第1巻　　木材加工
    第2巻　　金属加工
    第3巻　　繊維工業として陶工、石工、画工、写真等の職種
  第1巻
    百工総論
    第1章　手工　第2章　手工大別　第3章　手工ハ用具ヲ必要トス
    第4章　木工　第5章　木材ノ組合　第6章　鋸
    第7章　鉋　　第8章　鑿（のみ）
    工具の使用法を中心に述べている。西洋の原書の翻訳

鋸の教材内容
1 鋸の種類と内容
2 鋸の縦引き、横引きの用途
3 目立鑢の使用法
4 鋸の使用法とその注意

製作に即した工具、用途の使用法となっておらず読み物的な記述となっている。
殖産工業を担うための工業知識、職種を理解させる内容。

② 小学校　小学校用　「手工教科書」　平賀義美

ボストンの「HOW TO USE WOODWORKIG TOOLs」を翻訳したものである。1876-1877　1877-1878の冬　産業学校で使用したテキストである。

鋸の教材内容
1 仕事内容によって鋸の種類が違っている。
2 西洋の鋸と日本の鋸の違い。
3 鋸で木材を切断する方法。
（1）木を横に切断する方法。
　① 板材の表面に直角の線を引く。
　② 左手で板の一辺を支え右手で鋸を握る。
　③ 鋸の歯の中央で拇甲を定規にして前後にして軽く動かしみぞをつくる。
　④ 正確に切断するには、線にそって曲尺をおく。
（2）縦に木を切断する方法。
　① 左手で材料を支え、ひざで板面を圧する。右手で鋸を握る。
　② 鋸の歯の中央で拇甲を定規にして軽く動かしてみぞをつくる。
　③ 鋸が引きにくくなったら鑿、鎚柄等をはさんでひきやすくする。

この教科書の特徴を上げると次のようになる。
1 具体的場面に即して工具の使い方が示されているため分かりやすい。
2 ハンマーの使い方等、人間の運動の原則に基づいて工具の使い方が

説明されている。
　3　割析法の説明ではナイフの実験によって木材の繊維を理解させた上で、原木の割析法となっている。
　4　工具の使い方は、易から難へ、物を製作することを前提にして説明されている。例えば、原木から板材をとり、接合法に至るまでの工具の使い方が製作にに即している。
　5　実習題材が示されず、工具使用の応用として関節（接合法）を示している。

（問題点）
　1　鋸の構造が扱われていない。
　2　初心者が片手引きから入るのは難しい。
　3　鋸の挽き始めを鋸刃の中央でやるのは合理的でない。西洋の押挽きなら合理的であるが、日本の鋸は刃元でやるのが合理的である。
　4　鋸挽きの時に曲尺おくと鋸刃を損傷する。
　5　鋸の摩擦を防ぐために鑿や鎚類はさむと損傷する恐れがある。落下の際の危険防止の配慮がなされていない。
　6　鋸断終わりの取り扱いがない。材料の破損防止にふれてない。
　7　鋸挽き中の姿勢、動作について扱ってない。

③　小学校　実業教育　手工教授書　　興文社
　この教授書は我が国で初めて独自に編集されたものと考えられる。瓜生や平賀の教科書が外国の文献の翻案であったが、この教科書は実践に基づいて編集されている。瓜生や平賀の教科書を更に具体的に分かりやすくした教授書となっている

　鋸教材の内容
　1　工具の名称及び用法
　　（1）横挽鋸
　　木材を横に挽わるもの
　　（2）縦挽鋸

197

木材を縦に挽割るもの
　　（3）廻し引鋸
　2　工具取り扱法
　鋸を用うときは固く柄を持ちて静かに力を入れて前後に進退すべし。又、木材を縦割る時は木の末の方より本の方へ縦割且つ成るべく柄本の方にて挽き割るべし。
　3　工具使用法練習
（縦挽の場合）
　　（1）挽割る木材に直線に引く
　　（2）直線に沿って縦割る
　　（3）木材が長いときには、鋸の柄、眼は挽割る線に一致させる。
　　（4）表裏とも一致するように真直に縦割ること。
　　（5）木材が長いときには、一方より半ば挽き割り、他一方を縦割るように練習する。
　　（6）この練習においては、一方より挽割ったように鋸痕何所も平らになるように練習する。
　　（7）鋸の練習は、横挽きより着手して縦挽きにうつる。
（手工教授書の特徴）
　　（1）実習を前提として、工具の名称及び用法、取り扱法、研磨法、練習、

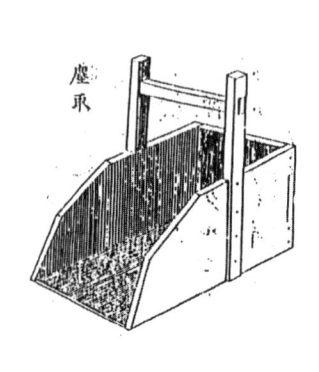

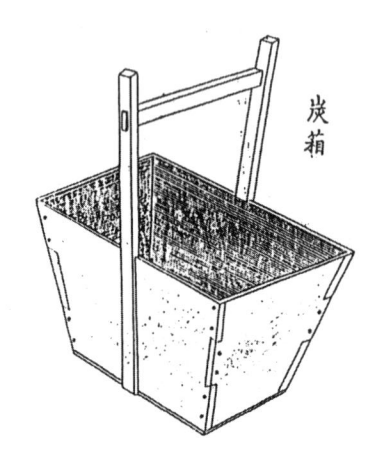

形体製作、接合法、簡単なる器具の製作の順序で構成されている。（形体製作―方柱、直方体、三角柱体、五角柱体、六角柱体、方錐体。三角錐体、円柱体、円錐体）（簡易なる器具の製作―水甕台、塵取、炭箱、水流し、小箱）
(2) 技術の習得を易から難へすすむように構成されている。
(3) 実習題材は、日常生活に役立つものがとりあげられている。
(4) 平賀の教科書であつかわれていたハンマーの使い方がこの教授書に扱われており、平賀の教科書のいわば指導書の役割を果たしている。
(5) 鋸、鉋等の練習で、工具、材料、人間との関係で捉えている。
(6) 図面によって製作するという基本が押さえられいる。

(問題点)
1　工具の使い方の練習を重視したものとなっている。練習した上で作品製作となっている。
2　作品の製作工程で工具の科学的根拠を理解させた上で作品の部品加工させるという手順を踏まずに工具練習重視の技能教育になっている。
3　鋸挽きのときに静かに挽くという身体の原則が生かされているが工具の科学的根拠が扱われていない。
4　工具の練習に時間がかかり作品（形体製作⇒日常生活に必要な箱類）製作が疎かになるのではないか、と懸念される。
5　施設設備や教師の力量の都合で手工科が疎かになるのではないか、と懸念される。

2　明治23年（1890）尋常小学校高等小学校教師用書
　　「手工編」　水江正直著

明治23年（1890）小学校令改正　　尋常小学校に手工科が加設
明治25年に刊行　明治26年に検定受ける。

　　　　明治33年（1900）小学校令の改正まで唯一の指導書であった。

1891年（明治24年）小学校教則大綱「手工は眼及び手を練習シテ簡易なる物品ヲ製作スル能ヲ養ヒ勤労ヲ好ムノ習慣ヲ長スルヲ以てん要旨」とし尋常小学校では紙・糸・粘土・麦藁等を用いて簡易な細工を受け、高等小学校ではこのほか木・竹・銅線・鉄葉・鉛等を用いるものとされた。

　木工・金工などレベルの高い内容が意図され、現実の学校の指導力不足と施設設備がなされず明治24（1891年）尋常小学校、高等小学校とも随意科目ともされて廃科同様な状態なった。

手工教授目的（総論にて述べている）

(1) 手工科は眼及び手を教練するの効あるのみならず、心力を発達せしむること大なり。
(2) 手工の目的は利用厚生の端緒を開き、自活の習慣を養成す。
(3) 手工科は児童の嗜好に適す。
(4) 児童は家庭に於いて己の萌芽を有せり。
(5) 学校は、児童の家庭にて有せる手工の萌芽を啓培するにあり。

工具の指導法・鋸及其使用法（高等科第2学年）
1　板の直なる一辺に直角をなして板の一端を切り離すこと。
2　縦線に沿い板を竪に挽き割ること。
3　板及び材木を斜めに鋸断すること。

木材加工の教材
　工具の使用法（鎚・錐・墨打ち・鋸・鉋等）を学習した上でその発展として箱及び本箱の製作を上げている。その後に鑿及び筍眼、筍、隅接、両釘の接合、鳩尻接合を発展として取り上げている。

鋸の教材内容
材木を挽き割るに用いるものを鋸という。種類は至って多い。これを大別

すると円形鋸と直鋸に分けることができる。円形鋸には多くの種類がある。蒸気力、水力、足の力で運転するもので装置が大きい。直鋸には、木鋸、手鋸の二種類ある。手鋸は、普通の鋸で、縦挽、横挽等の種類がある。手鋸の使用法を述べる。

1　板の直なる一辺を直角をなして、板の一端を切り離すこと。

(1) 板を二個の枕の上に置く
(2) 切断する二線を引く
(3) 右手に手鋸を握り、食指を鋸の柄の上部に置き、他の指でしっかりにぎる。
(4) 鋸歯を切断する線の一端に当てる。
(5) 左手で鋸の直なる縁をつかみ
(6) 拇指の爪を鋸歯に接して、最初は軽く鋸を前方に押し、然る後に又反対の運動をなし、このように運動を反復する。
(7) 鋸挽で鋸が反起するため切断縁を破壊することがあるので注意する。
(8) 直角に切断したか否かを調べるには曲尺を使う。
(9) 板の切断が終わろうとする時左手で縁を保持する。

2　縦線に沿い板を縦に挽き割ること。
(1) 板を二個の枕の上に置く。
(2) 所要の長さを曲金又は墨壺で線を引く。
(3) 縦挽を用いて膝で板を押さえ、線に沿ってこれを切断する。
(4) 縦挽きしているうちに動き悪くなると截目に楔子をはさむ。
(5) 鋸の枕に近寄る時には、両枕の中間に送り挽き割るべし。
(6) その他は普通の方法に従って可なり。

3　板及び材木を斜めに鋸断すること
(1) 板或いは材木に斜めに適当な角度で線を引く。
(2) 線に沿って、左手に板を保持し、右手に板を保持し、右手に鋸を持ちあまり鋸歯を起こさぬようにする。

この教師用書の特徴
(1) 小学校教則大綱の手工科教則大綱に基づいて編集されている。
(2) 尋常小学校では、紙、糸細工が多く伝統的に配列されている。高等小学校では木材加工教材が中心となっている。
(3) 高等小学校1・2年生までは共学となり、3・4年から特性に応じて別学となっている。
(4) 学年ごとに、教材の教授法が示され分かりやすい。
(5) 尋常小学校の教材は手技的内容のものが多い。
(6) 木工教材で技術の習得が易から難へと編成されている。形体製作の教材がとりあげられられなくなった。

啓蒙期の手工科教授実践の特質

1　手工科が殖産興業を担う国民の育成を目ざす重要な教科として加設された。加設に当たって、瑞典や仏国の手工教育理論を導入すると共に国家要求に応える教科の構想がなされた。
2　ペスタロッチ、フレーベルの説いた手眼、脳の共働により調和的人間の発達を目ざす一般陶冶と職業準備教育を目ざす職業陶冶の二重構造の性格づけをした。
3　このような二重構造の性格は、当時の不況のもとで学童貯金と結びつき、学校運営を支える一方で父兄より誤解や不評を招き加設を困難にした。
4　尋常小学校では手技的教材の編成となっているが、高等小学校では木材加工だけであった。
5　木工教材の編成には二通りあった。工具の基本的練習→形体製作→接手→日常生活に必要な作品の製作という編成と工具の基本的練習→工具の総合練習として箱、本箱の製作→工具の総合練習として接手の製作の二通りであった。前者はフランスに範をとり後者はアメリカのロシア法に範をとった。
6　尋常小学校の積木教材の教授法は、問答による「開発主義」の教授法が適用されていたが、知識伝達の形式的把握にとどまり諸心力の開発する教授効果を上げることができなかった。

7　木工教授法は、アメリカからロシア法が導入され、工具の使用練習に重点がおかれ技能訓練的色彩を濃厚にした。技能習得に伴う工具の科学的根拠が扱われなかった。
8　実践の場における教授法には、講受→実芸という教授段階の教授法があった。講受の段階で、工具、材料、製作の順序を授けるという教授法であった。工具の使用技術の習得に問題があった。工具の科学的根拠が扱われなかった。

以上の考察から次のことがいえる。
明治時代の本立て・本箱の製作は殖産興業の国の政策に基づいて工具使用の応用発展教材として位置づけられていた。教材は生徒の個性を尊重するというものでなく、画一的な教材で工具の使い方に重点が置かれていた。

〈付録〉 研究実践・研究の歩み

No	年度	実践記録・研修報告・研究論文	備考
1	1966 (S41)	機械学習における創造性、思考力を高めるための機械学習のすすめ方	内地派遣研究教員応募論文
2	1967 (S42)	設計・製図分野における効果的な指導法の研究	真和志中学校
3	1967 (S42)	創造性を伸ばす技術・家庭の学習指導	那覇市立教育研究所
4	1968 (S43)	技術・家庭科における学習内容を定着させ、創造的思考を伸ばす学習指導に関する実証的研究	内地派遣研究教員研修報告
5	1968 (S43)	本土の技術・家庭科の動き	沖縄タイムス朝刊 1月29・30
6	1969 (S44)	期末テストの分析考察	教育雑誌「技術・家庭教育」
7	1969 (S44)	製作図の書き方（トランスペアレンシー）	文教局指導課研究集録5集
8	1970 (S45)	中学校技術・家庭科における「栽培」教材研究	琉球政府立農業試験場研修報告書
9	1970 (S45)	教師作成テストの信頼性と妥当性に関する実証的研究	首里中学校
10	1971 (S46)	正投影法の効果的な学習指導	教育雑誌「技術・家庭教育」
11	1971 (S46)	中学生のための沖縄の草花栽培（首里中学校園芸クラブテキスト）	首里中学校
12	1972 (S47)	技術・家庭科における創造的学力の評価	教育センター研究収録9号
13	1973 (S48)	「とうふ」に線を引く	教授学研究5 国土社刊
14	1974 (S49)	イメージによる正面の選び方	城北中学校
15	1974 (S49)	新しい授業実践の記録 —のこ刃のしくみと切削のしくみを中心に—	沖縄の教育実践第3号センター
16	1975 (S50)	本立ての形や大きさを決める具体的指導について	那覇市立教育研究所所報43号

17	1976 (S51)	新しい授業実践の創造 ―平かんなの下端の仕組を中心として―	沖縄の教育実践 第4号センター
18	1976 (S51)	寸法記入の授業の組織化	那覇市立教育研究所 所報46号
19	1977 (S52)	授業における工具・用具の保管と活用	教育研究所指定研究 報告書
20	1977 (S52)	鋸の歴史の授業	教授学研究7 国土社刊
21	1977 (S52)	戦後沖縄における産業教育の変遷 ―初等科生産科教育を中心として―	那覇市立教育研究所 研修報告書
22	1977 (S52)	創造的思考力を高める学習指導を求めて	那覇市立教育研究所 所報51号
23	1978 (S53)	鋸の授業	教授学研究8 国土社刊
24	1979 (S54)	守礼門の製作	教授学研究9 国土社刊
25	1979 (S54)	気化器の授業	教育研究所所報58号
26	1980 (S55)	栽培の授業 ―全時間の授業記録―	教育雑誌「技術教室」 12回連載
27	1981 (S56)	スピーカーの授業	教育研究所 所報66号
28	1981 (S56)	鋸引きの授業	教育雑誌「事実と創造」第10号
29	1981 (S56)	宝をつくる―木材加工Ⅰの全時間の授業記録―	教育雑誌「技術教室」 13回連載
30	1982 (S57)	「沖縄の土壌の授業」	教育雑誌「事実と創造」第17号
31	1985 (S60)	手工科教授実践の史的考察 ―木材加工教材に注目して―	兵庫教育大学大学院 修士論文
32	1987 (S62)	学習意欲を高める学習指導 ―教授手段を中心として―	指定研修報告書
33	1988 (S63)	郷土の技術文化から学ぶ技術科の授業 ―アジマックヮの製作―	河原政則著「授業方法の開発・展開・実践」タイムス
34	1990 (H2)	フロンガスと地球環境保全	教育雑誌技術教室

あとがき

　退職して数年間、資料の整理をしながら、技術・家庭科の実践をいくつかの期間に分けてまとめ始めたが、軸足がしっかりしていないためかなかなかまとまらなかった。これまで多くの実践記録を発表してきたのでそれを軸にしてまとめることにした。

　それぞれの実践記録を分かりやすくするため解説文を加えた。長い迷いの期間を経て漸くまとめ始めたのが去年の11月であった。当初15の実践記録を10の実践記録に絞り込んだ。解説文を技術・家庭科の元同僚等に見ていただき誤字脱字の訂正文章表現に至るまで丁寧にご指導をいただきました。有り難うございました。感謝申し上げます。

　実践記録は職場の同僚や技術・家庭科の皆さんの助言と協力によるものです。何よりも技術・家庭科教育実践の後押しをしてくれたのは妻の芳子であった。幼稚園教育に当たっていたが、私の実践に客観的な感想・意見を述べてくれて、実践記録へのイメージを膨らませてくれました。

　職場をともにした首里中学校では教務主任・城北中学校では教頭の上原順先生には実践記録に目を通していただき激励ご助言を賜りました。感謝に堪えません。

　一莖書房の斎藤草子さんが粘り強く取り組まれたお陰で立派な本が出来ました。有り難うございました。感謝申し上げます。

　最後に実践記録をパソコン入力してくれた比嘉聡さんには厚くお礼申し上げます。

　　2010年8月12日

　　　　　　　　　　　　　　　　　　　　　　　野　原　清　志

〈著者紹介〉
野原清志（のはら きよし）
1938年9月　沖縄県島尻郡旧東風平町に生まれる。
東風平小学校、東風平中学校を経て1957年糸満高校を卒業。
1962年　琉球大学農家政工学部総合農学科卒業。
1962年4月　那覇教育区立真和志中学校教諭に採用され、首里、城北、那覇、寄宮、南風原町立南風原中学校に勤務。それぞれの中学校で技術・家庭科教育の充実に当たる。
1968年　内地派遣研究教員として群馬県渋川中学校に配属される。
島田又一郎校長より斎藤喜博先生をご紹介いただいた。
1988年　兵庫教育大学大学院学校教育研究科修士課程修了
1992年　長嶺小学校教頭に昇任。
1995年　沢岻小学校に配置換となる。
1995年　沖縄県公立小中学校教頭会会長として会運営にあたる。
1999年3月　識名小学校を定年退職。
1999年5月　九州地区公立学校教頭会研究大会準備のため、事務員として大会事務局に勤務して大会を成功に導く。
同年、応用教育研究所より研修主事に委嘱される。
2007年　厚生労働大臣より民生委員・児童委員に委嘱される。

とうふに線を引く──製図の指導──

2010年9月25日　初版第一刷発行

著　者　野原清志
発行者　斎藤草子
発行所　一莖書房
〒173-0001　東京都板橋区本町37-1
電話 03-3962-1354
FAX 03-3962-4310

組版／四月社　印刷・製本／モリモト印刷
ISBN978-4-87074-171-3 C3037